中国服务 创意无限
Chinese Hospitality Unlimited Creativity

CHINESE HOSPITALITY
FINE CASES OF CREATIVE TOURISM PROJECTS

中国服务
旅游产品创意案例
（第四季）

中国旅游协会 编著

五洲传播出版社
China Intercontinental Press

图书在版编目（CIP）数据

中国服务，旅游产品创意案例. 第四季 / 中国旅游协会编. -- 北京 : 五洲传播出版社, 2024.1
ISBN 978-7-5085-5140-1

Ⅰ. ①中… Ⅱ. ①中… Ⅲ. ①旅游产品—产品设计—案例—中国 Ⅳ. ①F592.6

中国国家版本馆CIP数据核字(2023)第216173号

中国服务，旅游产品创意案例（第四季）

编　　著：中国旅游协会

出 版 人：关　宏

责任编辑：梁　媛

装帧设计：山谷有鱼

出版发行：五洲传播出版社

地　　址：北京市海淀区北三环中路31号生产力大楼B座6层

邮　　编：100088

发行电话：010-82005927，010-82007837

网　　址：http://www.cicc.org.cn，http://www.thatsbooks.com

印　　刷：北京市房山腾龙印刷厂

版　　次：2024年1月第1版第1次印刷

开　　本：16开

印　　张：11

字　　数：160千字

定　　价：56.00元

中国旅游协会会长段强致辞

中国旅游协会副会长兼秘书长张润钢主持开幕式

专家访谈（一）：旅游带动乡村振兴的新路径

专家访谈（二）：跨界融合助力目的地创造性发展

专家访谈(三)：旅游演艺如何持续创新发展

专家访谈(四)：开发旅游集聚区，带活一方经济

中国服务
CHINESE
HOSPITALITY

前言

第四届“中国服务”·旅游产品创新大会在钟灵毓秀的浙江上虞召开，这是三年来第一次在线下进行的创新大会。这次大会是乘两会东风，在旅游业全面恢复之时召开的。创新大会已经连续举办了四届，但此次意义更为重大。通过此次会议，希望能吹响旅游复苏的号角。

2023年3月14日，我们共同见证了第四届“中国服务”·旅游产品创意案例的发布，张润钢副会长兼秘书长宣布协会将向全行业推介这些创意案例。2022年的案例集中体现了我们旅游从业者坚持以人民为中心，以市场为导向，优化产品供给、提升服务品质、加快文旅融合的最新成果。

疫情三年，旅游行业艰难无比，2022年更是雪上加霜。梳理收集上来的100多个案例，却让人感到温暖和欢喜，也看到了行业发展的希望和未来。旅游业的格局已经发生了根本性的改变，体现出了新时代的特征。多元化复合型旅游正在取代传统的观光旅游，这在第四届“中国服务”·旅游产品创新大会重点推介的十大案例中表现最为突出。与前三届推介的案例相比，这次的案例在地域分布上，西部地区占了绝大多数，有7个案例分别来自宁夏、陕西、新疆、西藏、云南、贵州、重庆，这些也与疫情之后，特别是2023年春节旅游的热点区域相吻合。2022年，在案例收集过程中，我们充分发挥了业内知名专家的作用，他们的推荐及专业水准让案例更具示范性和导向性。获得推介的十大案例呈现出如下特点和发展趋势：

一、红色旅游持续受到市场追捧，只有用创新的艺术形式表达红色文化，才能让观众自觉接受革命教育

很长时间以来，革命教育类的剧目深受中老年人的欢迎，但《重庆·1949》自2021年9月公演以来，进场观众人数已累计超过100万人次，其中70%以上的观众在35岁以下。《重庆·1949》的成功之处在于对现代高科技技术的成熟运用，在故事真实发生地，在与剧目同名的剧场里，千姿百态的旋转舞台，蒙太奇的演绎手法，魔幻现实主义的表达方式，极具震撼力的沉浸式体验，紧紧抓住了当代年轻人的审美取向，让红色教育潜移默化，深入人心。

二、旅游带动乡村振兴，建设乡村休闲度假目的地已成趋势，村民在旅游发展中真正获益

百美村庄、永定土楼“天涯明月刀”、贵州乌江寨、林渡暖村等4个获得推介的案例，虽然业态不同，特点各异，但它们的共同点、发展模式都契合了国家乡村振兴战略，目标都是通过旅游赋能，实现乡村可持续发展。这4个案例中的百美村庄是中国乡村发展基金会于2013年发起，针对欠发达地区乡村发展落后的现状实施的项目。百美村庄通过整体规划和专业设计，对传统村庄、旧民居进行内部改造，对村庄和周边生态环境进行维护整治，以开展乡村旅游促进三产融合，培养乡村致富带头人和年轻人回乡就业创业，最终将村庄打造成一个产业强、生态美、文化兴、机制活、百姓富的乡村振兴综合示范村。永定土楼“天涯明月刀”是文化和旅游部对口支援永定后，引入的第一个电竞游戏项目。“天涯明月刀”以腾讯互娱公司的游戏IP为主题，结合客家文化和土楼建筑特色，加入电竞元素，通过沉浸式互动演出、剧本游戏等业态，将线上电竞玩家带入线下，探索文旅界的“元宇宙”场景，实现线上、线下自由社交。这种通过时尚手段创造性改变以往单纯观光的模式，值得行业关注并研究其成功经验。

贵州乌江寨国际旅游度假区、苏州林渡暖村是由国内著名旅游企业顶度集团和同程旅行与当地政府合作兴建的。一个是边远落后的山寨，一个是发达地区的乡村，通过旅游带动，各自走出了一条适合当地乡村旅游发展的新路。乌江寨以“共生思想”，即传统

与现代共生、自然与人文共生、乡土与时尚共生、村民与游客共生为理念，依托于恬静的自然环境和浓厚的民俗氛围，系统地移建、修缮、复建和改建，呈现出一幅黔北民居群落画卷，一问世即获得市场的追捧。林渡暖村瞄准“一站式乡野度假目的地”的定位，在保留原村文化的基础上，通过农业、旅游、教育、康养等产业的赋能，实现整村的“有机生长”。

三、根植于多民族文化，开发具有丰富业态的夜间经济与旅游集聚区，释放城市活力，回应和创造新的消费需求

告庄西双景位于西双版纳傣族自治州景洪市，将湄公河流域多民族精华及东南亚各国风情与文化融合一体，打造了以傣泰文化体验为核心的游憩商业区。伊宁六星街位于新疆伊宁市，利用街区内汉族、维吾尔族、哈萨克族、俄罗斯族、回族等多民族文化交融的人文资源优势，盘活了六星街历史文化街区氛围，成为新疆最亮丽的都市旅游区，是旅游者必到的打卡点。告庄西双景自2015年以来，便受到世界旅游组织可持续监测团队的关注，得到了国际旅游业界的诸多赞誉。这两个案例虽地处边远，但都位于城市，他们的走红契合当下城市休闲、乡村度假的流行趋势。

四、通过建设有特色的酒店，拉动目的地发展

酒店复合型产品成为时代潮流。松赞酒店、沙漠星星酒店一直备受业界赞誉和消费者喜爱，常常一房难求，这在当下全国很多酒

店难以为继的情况下，实属奇迹。说到底，松赞酒店、沙漠星星酒店其实并不是单纯的酒店，消费者在这两家酒店里体验到的是极致风景，时尚、独特、不拘一格的生活享受。松赞酒店坚持深耕藏文化，开创了“酒店＋旅行”的服务模式，以旅行线路思维进行酒店布局，把滇藏线打造为世界顶级品质的旅游线路，为客人提供一站式旅行解决方案，同时通过就业和转移支付带动藏区乡村发展。沙漠星星酒店地处腾格里沙漠深处，位于中旅（宁夏）沙坡头旅游景区内，酒店通过“沙漠、星空、禅意”的产品设计和营销运作，在很短的时间内便可与市场产生共鸣，开启了国内星空度假的旅行新方式。

五、文化创意与标准实践，保证旅游演艺历久弥新，避免同质化、低端化

近年来，全国各地大型实景演出层出不穷，成为新的旅游增长点，但水平参差不齐，影响了演艺业的健康发展。我们2023年特别推介经受了16年市场考验的、由陕西旅游集团精心打造的《长恨歌》。一场演艺一时受欢迎可能不难，难的是月月年年经久不衰。《长恨歌》做到了用高标准巩固创新成果，用创新推动标准升级。陕西旅游集团以《长恨歌》为样板和突破口，又成功推出多场大型演艺，对推动全国旅游演艺行业集约化、规模化发展作出了贡献。

2023年，旅游市场正在快速回暖。2月份，中国旅游协会邀请部分重点旅游企业就近期市场最新走势召开座谈会，并围绕后疫情时期旅游行业恢复的机遇与挑战听取意见、展开研讨。与会代表无不为行业复苏势头而欢欣鼓舞、倍感振奋，同时也反映了市场复苏进程中存在的一些问题。

为了实现有质量的行业复苏，形成旅游市场的可持续发展，我代表中国旅游协会发出呼吁：希望有关部门高度重视企业人力短缺、交通运力不足、出入境旅游政策等诸多热点问题，采取切实措施，加速行业复苏进程；希望广大旅游企业克服困难，千方百计提高服务质量和宾客满意度，努力为旅游消费者提供良好的出行体验；希望社会各界更加关心和关注旅游业，让旅游在提振消费、促进循环中发挥更加突出的积极作用。

1700年前，就在第四届“中国服务”·旅游产品创新大会举办地——上虞，本来在朝廷做官的东晋名仕谢安返回了东山，一待就是20年。在这20年里，他没有安于享乐，也不消极逃避，而是干了三件事：第一，开垦荒地、梳理经营东山的家业、田产；第二，扩建谢家住宅，不仅仅自己住，还邀请全国各地名士来东山雅聚，清谈；第三，兴办讲堂，教育子侄，培养出了能文能武，有脊梁、有血性、能担当的后代。这三件事成为他能够东山再起，创造“淝水之战”千古传奇的重要原因。希望中国旅游行业的同仁在上虞这块宝地，借东山的灵气，不畏艰难，满怀信心，东山再起，扬帆远航！

中国旅游协会会长 段强

目录

中國服務

CHINESE
HOSPITALITY

开篇语：

松赞集团创始人及董事长白玛多吉谈到在创立松赞集团遇到困难、踟蹰不前时，藏族的古老文化总会唤醒他，帮助他重新找到生活的方向——“世间所有的喜悦都来自希望他人快乐，世间所有的痛苦都来自希望自己欢乐”。

他说，生命就是一次次旅行。从看到大山大川的“见天地”，到遇见不一样的人的“见众生”，再到遇见不一样的自己，旅行就是这样一个心灵体验不断螺旋式上升的生命旅程。白玛多吉先生创立松赞品牌的初心，就是为了广结善缘，希望每个来到松赞的家人都能找到自在与安宁，通过酒店和旅行这扇“隐秘之门”，寻找到快乐源泉。

通过对旅行的再理解，对于每一位松赞人来说，松赞的使命被浓缩成一句话：“通过旅行使每个人成为更好的自己。”

松赞集团

扎根乡村，连接土地

松赞集团成立于2000年，第一家酒店松赞绿谷山居在我的家乡香格里拉，位于松赞林寺旁，那时我还在央视工作。2004年，我离开央视开始尝试做酒店，于是在松赞林寺后面建了第二家松赞酒店——松赞香格里拉林卡。

无论是松赞香格里拉林卡，还是松赞绿谷山居，我都希望将其打造成不落俗套且具有浓郁地方文化特点的酒店。松赞绿谷山居内陈列了很多高水准的艺术品，如6—7世纪的柬埔寨佛像。

当时，我的想法是学习国外酒店的经验来做旅行，计划在云南迪庆州香格里拉市、德钦县和维西县建造一系列的酒店，做大香格里拉地区的旅行产品。

因此，松赞集团配合旅行产品打造了一系列松赞酒店。位于维西县的松赞塔城山居是当时大家最没有把握的项目，因为这个地方从来不是旅行目的地，没想到酒店建成之后非常受欢迎，房间很快售罄。

在德钦县，最受欢迎的酒店是松赞梅里山居，酒店的每个房间都面朝梅里雪山。梅里山居当初只有17间客房，后来逐渐扩建到35间。接下来，梅里山居还将进行酒店二期建设。

至2013年，松赞集团基本形成了松赞精品山区系列的六家酒店，在国内外获奖无数，获得极好的口碑。2014年开始，松赞集团决心在此基础上布局整个滇藏线，这背后一直在践行的初心是：希望松赞的存在，能助力中华各民族的文化交往、交流、交融。

我在央视做纪录片编导20年，一直希望自己成为文化交流的桥梁。56个民族生活在一个大家庭，相互了解尤为重要。很多人对汉族文化和历史都有深入地了解，但对于藏文化的了解是极少的。因此，我希望松赞能成为汉藏文化沟通的桥梁。

“松赞”这两个字，与松赞林寺的“松赞”同音，但是“松赞”的意思是众神居住之所，不太适用于酒店。后来我们在藏文化的词汇里，选择了现在这个“松赞”的藏文写法和英文写法，意思是“在不违背世间法和出世间法的前提下，去践行一切美好。”这符合我做松赞的核心逻辑，且因为松赞系列酒店根植于家乡香格里拉，所以从香格里拉和松赞这两个词汇里整理出松赞集团的企业使命：推开隐秘之门，追寻快乐源泉。

什么是快乐源泉？通俗地说，是追寻香巴拉——寻找内心的自在和安宁。为什么很多人一年四季都在旅行？原因是很多人不愿面对自己，需要找一个理由逃避，于是去旅行。我希望，松赞做的旅行，是让人学会更好地面对自己。

怎么面对自己？核心就是找到自在和安宁。当你有了自在和安宁，一定能更好地面对自己。什么是香巴拉？香巴拉和香格里拉，在藏语中的意思是一样的，只是在翻译过程中，香巴拉变成了香格里拉。香巴拉是藏族人民特别向往的神秘之地，传说它是隐藏在青藏高原的、一个不为人知的神秘王国。为什么每个藏族人都特别向往？据说在香巴拉的国度里，每个人都知道快乐的源泉在哪里，所以人们特别向往能进入香巴拉王国，找到快乐的源泉。

只要是有自我意识的生命体，都会追寻快乐，但寻找快乐的方法不一定对，大部分人都是用获得感来衡量快乐与否，但其实真正的快乐要通过付出和利他才能得到。

在大乘佛教经典《入菩萨行论》里面，寂天菩萨说过：“世间所有的喜悦都来自希望他人快乐，世间所有的痛苦都来自希望自己欢乐。”藏族的很多老人和出家人在祈祷时都会说：“愿所有的有情众生远离苦及苦因，愿所有的有情众生不离乐及乐因。”这就是追寻快乐源泉，我们称之为“播种快乐”。

带着“利他思想”，即“世间所有的喜悦都来自希望他人快乐”才能找到真正的快乐源泉，松赞集团希望员工和客人能通过松赞形成结点成线的旅行，找到快乐源泉。2015年，松赞集团下决心来做从丽江到拉萨整条茶马古道的旅行，也是“松赞茶马古道”的布局。

过去没有公路的时候，这条古道运输茶叶需要3个月的时间，而且一年时间只能往返一次。

每年5月，当人们出发前往拉萨，一路上雪山垭口的雪正在融化，到了8月底、9月的时候，茶叶处理完往回走，冬天快来了，一路上气候恶劣。所以，大部分茶马古道的商人到了拉萨之后，驼羊毛到印度的加尔各答、噶伦堡后，便会一直在那里经商。等到过完年后，天气变暖再回来。

松赞集团之所以布局茶马古道线路，主要是因为现在的路况越来越好了。2015年，松赞集团在丽江建成了纳西村居院落与中原官府建筑特色相融合的松赞丽江山居，同年在拉萨建成了松赞拉萨林卡，这是一家按照藏式传统建筑风格建造的酒店。

松赞茶马古道沿路的酒店，建造过程困难重重。尤其是建造松赞海拔最高的酒店——松赞来古山居，更是经历了很多波折。在海拔4200米的地方建造高品质的酒店并不容易，所以松赞集团先在上海加工模块房，在来古搭建了房屋框架，所有的房间完成软装之后，从上海运到来古吊装，最后再把建筑包裹起来建成一个完整的藏式建筑。目前，来古山居是松赞最受欢迎的酒店，一房难求。

松赞集团对旗下所有酒店关注的重点是建筑的在地性，即对在地文化及在地自然的友好。比如，松赞来古山居为什么建造在村庄边陡峭的悬崖上？因为整个村庄几乎都是一层或两层的建筑，而酒店却高四层，为了不打破和谐，必须把酒店建筑隐藏起来。最终我们成功地将整个建筑的两层半隐藏在山体里，从村庄一侧看过来，只看到酒店一层半的建筑。

松赞南迦巴瓦山居、松赞百巴帐篷营地等，不仅是在做酒店，更是把酒店结点串联成线，把大家带到如此经典、如此精彩的景观面前。南迦巴瓦的日落、月出，梅里雪山的日出、月落，在其他地方很难看到这样的极致景观，但是透过松赞酒店的窗户，却很容易就能看到这些景致。

在来古山居，每天早上都会上演从月落到彩霞，或者日出照耀在雪山和冰川上的景观。这些景观由于青藏高原的高海拔而变得独特。

世界上有哪个地方能看到海拔相差5000米的景观？在梅里雪山

就能看到。梅里雪山山脚下的澜沧江，海拔1800米，梅里雪山主峰卡瓦格博海拔6740米，相当于目之所及就能看到近5000米的高度。由此可以想象，这个地方拥有怎样的极致景观。

目前来说，整个茶马古道、滇藏线、川藏线、318国道、214国道的生活服务不太便利，所以需要松赞这样的服务。在2000年，松赞集团的旅行产品主要针对外国客人。因为香格里拉这样的旅行线路，国人可以自主完成旅行，但外国客人会觉得很困难。2008年，松赞集团旗下酒店大概85%的客人是外国客人，后来客群逐渐变成了国内客人，现在我们的主体客人就是国内客人。

2021年疫情最艰难的时候，松赞集团实现了历史上的最高收入2.4亿元。2022年盈利状况虽然不太好，但2023年，松赞集团一定有能力去实现4亿元的目标，到2024年时突破6亿元。

除了公路旅行之外，松赞集团2019年在香格里拉做了一个直升机产品，终点是西藏的林芝，通过串联每一家酒店，也可以实现直升机的旅行，一路景观都很好。

作为松赞集团的创始人和董事长，我希望在自己的家乡把松赞品牌做起来，也希望能帮助到家乡的人，所以这两年松赞集团借着乡村振兴的东风，在做扎根乡村、连接土地的工作，有望未来能成为扎根乡村和连接土地的世界级品牌。

旅行其实是能把非遗和有特色的民族文化产品带动起来的最好

行业。松赞集团现有员工1000多名，其中90%为本地员工。松赞解决了许多家庭的脱贫致富以及他们所在乡村的振兴。

到2023年年底，松赞会有15家酒店在运营。届时，松赞集团大概能帮助1300名员工解决就业问题。南迦巴瓦山居，在2021年松赞集团建造酒店时，达林村有13户人家，到酒店开业时已有25户人家。松赞集团致力于乡村扶贫，承诺南迦巴瓦山居每卖出一间房，就拿出200元给当地的老百姓和村庄。

2021年，松赞集团给村庄的分红达115万元，采购农特产品293万元，解决了17人的就业问题，共支付工资76万元。即使在8月和11月因疫情暂停营业的情况下，我们给20多户人家的村庄带来的直接收入也达到484万元。

2022年，结巴村了解到南迦巴瓦山区的达林村与松赞合作得到的实惠后，也邀请松赞集团到他们村庄里来建造一个松赞的帐篷营地，最后得到政府的支持。

2023年9月21日开业的松赞巴松措林卡，总投资1.6亿元。除了解决149人就业以外，该地的转移支付金预计达210万元。转移支付是当时政府为松赞集团落实征地，政府和当地老百姓与集团沟通制订出的一个合理的合作方式，即每年酒店收入的5%用于补偿给失地的农民。

正在建设的雅鲁藏布江畔的林卡，预计将实现400万元的转移支付。松赞集团近几年在林芝完成约16.33亿元的投资，合计每年转移支付金和给村民的现金收入能达到1.08亿元。

除此之外，松赞集团正在推进的古格项目、阿里山项目，都是为了配合乡村振兴开展的。

2023年9月21日开业的松赞巴松措林卡是松赞首家零碳酒店。这是松赞集团跟西门子集团合作，利用太阳能、光伏用储热等一系列配套措施，最终实现零碳的目标。

在怒江地区，松赞也将有两家酒店开业。同时，松赞集团计划在梅里雪山对面建一家新酒店，切合国家乡村振兴的号召。松赞集团还计划在茶源地——普洱建几家酒店，目前已经有一家酒店开业，两家酒店正在建设。预计到2025年，从茶马古道沿线到拉萨，松赞集团将有35家酒店。除此以外，松赞集团计划从拉萨往阿里地区再打通一系列新的旅行线路。

所有的规划还是要依靠愿景和使命来支撑，今年松赞集团在开内部年会时，集团领导带领核心员工再次对企业文化做了一个清晰的梳理。松赞的品牌标志是一个八瓣莲花的图形，交错在一起的八瓣莲花，是藏族人对生命的理解，循环往复、无始无终的盘缠图案，也是中国结图案的来源。

在藏族文化里，八瓣莲花的四种颜色中，蓝色代表水，红色代表火，黄色代表土，绿色代表风，水火土风中间的空白代表空，这是宇宙的构成。从藏族文化来理解，整个宇宙的构成是水火土风。用这样的图案和颜色，就是为了表达企业的核心价值观和使命。

松赞集团的核心价值观，从水开始。待人如水，做事如火，为人如土，成长如风，照见的是自己，企业的核心价值是见自己。在这个基础上，松赞集团梳理出企业的使命是：推开隐秘之门，追寻快乐源泉，通过隐秘之门让每个家庭找到快乐源泉。

松赞集团曾经的企业核心价值，虽然用了好多年，但其实大家很难理解，有时连自己的员工都理解不了。于是，集团通过头脑风暴，将企业核心价值通俗化，即“通过旅行使每个人成为更好的自己”。

“快乐源泉就是更好的自己”，这和松赞集团过去的核心价值相通。什么是“见众生”？是你在干什么？你在松赞工作时，到底是为什么做这件事情？松赞集团希望员工先见到自己，再见到众生。通过旅行，见天地、见众生。在见天地的基础上，让这个世界的旅行更美好，这就是松赞的愿景。

我相信，有了清晰地逻辑指导，加上锲而不舍的努力，松赞一定会越来越好。

白玛多吉

松赞集团创始人及董事长

开篇语：

2015年乌江寨开始筹备规划建设，历经6年保护开发，这颗遗落的黔北明珠集食、住、行、游、娱、购为一体，展现在世人面前，成为西南度假新地标。秉持“共生”的思想理念，乌江寨契合在地山水环境，融入自然人文，以不同的主题活动为引领，追求简单宁静的质朴生活状态，是一个诠释生活美学的度假景区。同时，乌江寨也是一个非典型意义的旅游项目，以助力“乡村振兴”为己任，在通过旅游带动相关产业链集聚发展的同时，也为当地培养更多的旅游管理人才，解决了周边近千人的就业问题，是一个社会责任型景区。“灯火万家城四壁，星河一道水中央”，绝美夜景下的乌江寨被越来越多的人关注，成为众多热门综艺和明星的打卡地。

贵州乌江寨国际旅游度假区

乌江寨乡村振兴的实践样本

乌江寨是一个非典型意义的旅游项目，更多偏重于“旅游扶贫、旅游参与乡村振兴”的社会服务模式。

一、乌江寨项目的前身

2015年，顶度集团有限公司响应政府号召去贵州做旅游扶贫。当地推荐了很多文旅资源禀赋不错的景区，但都不符合顶度集团的要求。于是集团向政府提出，不需要任何现存旅游资源，只要交通区位便利即可，最终选择了遵义市播州区的一个普通小山村。现在从杭州坐高铁到遵义南站约10小时，从遵义南站到乌江寨景区约15分钟；高速直通乌江寨景区；贵阳龙洞堡机场距离景区约1.5小时车程。

乌江寨原名长江村，位于乌江支流之上，交通闭塞，周围大山环绕，几乎没有现代城镇的气息。原长江村共有3个村民小组，6个民族，282人，村里年轻人都外出打工，只剩下孩子与老人。村民受教育程度不高，具有劳动能力的村民仅占40%，村民最主要的产业是种植烟草与辣椒。整个村几乎找不到一个完整的卫生间或厨房，这反而更加坚定了我们做乌江寨项目的决心。

二、乌江寨项目的缘起

顶度集团是一家从规划设计、组织施工、业态植入到运营管理的大型旅游综合目的地供应商，集团运营管理了浙江乌镇景区、贵州乌江寨、山东明水古城、广东赤坎古镇等全国9个大型旅游度假目的地项目。

乌江寨项目是顶度集团响应“旅游产业扶贫，文化振兴乡村”的尝试。集团对乌江寨项目的定位：一是扶贫，二是振兴乡村。2015年10月13日，乌江寨项目正式签约，共分为5个阶段：筹备阶段、顶层设计阶段、规划设计阶段、建设阶段和运营管理阶段。

（一）筹备阶段

在项目筹备期，项目组没有建任何旅游设施。因为原长江村几乎没有可利用的建筑，基础设施条件极差，所以需要先帮助规划建设农民新村安置房。由于村子地处山区，不能做低密度建设，所以农民新村建成了类似的公寓房，共180户村民，安置面积约4万平方米。目前，所有村民都住进了新房。项目组还特意给安置的每家每户送了一台洗衣机。现在这180户村民的新村成了附近方圆百里老百姓最羡慕的一个村。与此同时，项目组在景区游客中心和停车场外围的黄金地段建了商铺，基本保证每家每户有一个商铺，景区的游客流量给村民带来了稳定的收入。

紧接着，项目组完成污水处理厂、自来水厂建设，实现全村无线网络全覆盖，并建成了集中的消防控制中心。这部分基础设施建设资金都是从社会各界募集而来的。当地政府起初对建污水处理厂不太理解，项目组反复说明，旅游会带来很多客流，将产生很多生活污水。而贵州的喀斯特地貌要求污水不能直排，污水处理非常重要。现在，村民都用上了自来水，家家户户产生的污水也排入了污水管网。

另外，项目组还建了停车场，接入了高压电与低压电，建了集中供应的锅炉房。当地政府也非常支持，哪怕在资金紧张的情况下，依然修通了直达景区的外围道路。

所以，讲“乡村振兴”也好，“旅游扶贫”也好，要因地制宜，对于欠发达地区首先要改善当地老百姓的生活质量，让他们树立起过上美好生活的信心。

（二）顶层设计阶段

乌江寨项目有一个很重要的理念——“共生”。“共生”其实是一个建筑概念——建筑与环境、与人的共生机制。项目组引入“共生”理念，认为最重要的不是简单做一个项目，而是要带动周边乡村的发展。所以在做乌江寨项目之前，我亲自起草了一份村民公约。村民公约的核心是成立“政府＋公司＋合作社＋农户”四位一体的旅游合作经营模式。“乡村振兴”是乡村综合治理、经济收入架构、文明生活习惯养成等一系列的重塑。项目组提出要成立旅游经济合作社，把新村老百姓的店铺收入、政府与投资者投入的资金拿出一部分，去救助附近没有生活能力的老百姓。经济合作社的规定很细致，最主要的是建立一个议事堂。它是受村支部和村经济合作社领导下的村民自治组织，村民社员通过议事的方式进行充分沟通，讨论旅游建设中出现的问题，讨论每年的利润如何分红等。这份公约通过政府召集村民们讨论。最终，18岁以上的村民都欣然在公约上签了字。

（三）规划设计阶段

乌江寨项目从一片白地做起，系统地做了规划设计，顶度集团从2016年开始无偿进行规划、设计和管理。规划强调“四着重”：第一，重生态环境水系保护，现在乌江寨的河道特别清澈；第二，重乡村风貌保护，包括新建的民居在内，都按照贵州当地干栏式建筑风格，景区里的洗手间、烤烟房、茶室等，整体形象风貌都很协调；第三，重景区外溢带动，考虑客流起来后如何带动老百姓，比如通过停车场的设置，比如景区内承包了很多土地，现在全部租给当地农民种植果蔬，景区内所有需要的蔬菜等采取订单方式让农民获得收入；第四，重丰富景区经营收入手段。旅游发展这么多年，为什么很多旅游企业生存艰难？很重要的一点是，没有用市场化的思维来做旅游，旅游本身是一个充分竞争的行业，要先有收入，要不亏损才能持续性地发展。乌江寨景区的经营一开始就有非常清晰的规划：一是门票收入；二是酒店民宿收入，乌江寨现有900多间客房；三是餐饮收入；四是旅游纪念品收入；五是游船表演收入。旅游做到今天，要做品质、做质量，只要产品做得好，肯定有人会来买单。

（四）建设阶段

乌江寨的建筑特别复杂，不仅都是山地建筑，还要考虑地埋管线以及道路系统，这是一个巨大的考验。现在大家去乌江寨，会看到一个特别自然漂亮的黔北民居形制建筑群。建设旅游项目，尤其是乡村旅游项目，要整体建筑量大，但单体建筑小，要多采用本土化的材料，多使用本土化的建筑语言，要特别强调整体风貌的协调性。

（五）运营管理阶段

乌江寨项目现在按照“股份合作、委托营运”方式，已经进入正常的运营管理阶段。顶度集团现在既是项目的股东，又是项目的经营管理主体。

三、今天的乌江寨

今天的乌江寨是一个满足游客远离喧嚣、融入自然人文、追求简单宁静质朴生活、诠释生活美学的度假景区，而非传统意义上的古镇或古城景区。同时，今天的乌江寨又是一个通过旅游带动“乡村振兴、共同富裕”的社会责任型景区。顶度集团希望乌江寨是一个能够更多地实现我们旅游人情怀的项目。

现在乌江寨景区里有很多高质量的民宿，目前的入住率不高。顶度集团最主要的是要瞄准广东、重庆和四川市场，做年轻人的度假目的地。景区里面有深夜食堂和酒吧。乌江寨是浙大西迁的旧址，所以特意设计建造了浙大西迁纪念馆，一楼是纪念馆，二楼是“云寨办公”。它不是传统的博物馆，二楼是一个很轻松的酒吧区，满足年轻人度假期间处理公事的需求。

景区里还有很多亮点，包括鱼码头、酱酒一条街、议事堂、老戏台、非遗文化活动（独竹漂等）、钢琴教室、农民画廊等。顶度集团还在乌江寨景区里做了一个钢琴教室，现阶段捐助了两台钢琴。我们号召志愿者来景区担任公益钢琴教师，只要这个村里的孩子愿意学习钢琴，就可以获得免费教学。我们希望这个山村里的孩子能够享受到与城市里孩子同等的美学教育。景区还有一个农民画廊，准备与美院老师合作，请他们培养当地的农民学作农民画，然后进行售卖。这都是乡村文化振兴工作的一部分。

景区里也非常强调氛围的营造，例如麦田剧场，一是可以邀请当地的少数民族老百姓做演出，充分发挥他们的文艺细胞；二是可以承接会议与拓展活动。再比如“乌江好礼”创意店，作为一个情景消费场所，收集附近村寨的声音做声音柜，游客可以沉浸聆听，也可以购买各类特色纪念品。同时，景区还有很多开放的空间，能够很好地与游客进行互动。2022年冬天，乌江寨用围炉的概念做了很多户外的火塘，很受游客欢迎。

景区里也重点做夜游内容。现在乌江寨晚上有无人机表演、梯田灯光秀、广场篝火晚会、掌灯仪式等，越到晚上人越多。度假景区是晚上消费的场所，越晚越热闹才是度假景区。

当然，乌江寨项目的成长还需要经过时间的检验。

旅游就是生活，做旅游就是做生活、做文化的服务。顶度集团管理的乌镇景区客流量为什么一年能达到近1000万，其中约80%是散客，80%中，近60%是两次以上的复游客？因为很多游客是冲着服务而来。服务的持续改善是顶度集团旅游竞争的最大法宝。从1999年到现在，我一直坚持每周批阅集团各景区的宾客服务反馈意见。“服务”有三点最重要：第一条是细节。服务永远讲细节，景区里的某一个细节如果能感动到游客，他们就会选择多次来；第二条是系统。服务是一个系统，顶度集团所有景区的产品价格、品牌、原材料等都被严格管理，景区路灯擦拭次数、阴沟冲洗频率等也有相应规定；第三条是胸怀。服务是一个格局，顶度集团下属服务景区有一个“大服务”的概念，尤其疫情后，集团内部在乌镇景区开始推广所有酒店布草安装芯片，每位入住集团酒店的客人可以通过手机扫码芯片获取布草的使用、洗涤、更换次数等信息。

服务不仅仅是服务文化、服务产业，疫情后“文旅融合”确实是旅游最大的出路，这种文旅融合需要创意、需要坚持，只有服务好这个时代，旅游才能得到真正的发展。

陈向宏

顶度集团有限公司董事长、乌镇旅游股份有限公司总裁

专家访谈（一）

旅游带动乡村振兴的新路径

开篇语：

当前乡村振兴成为国家战略，乡村休闲度假也成了趋势，业界掀起了发展乡村旅游的热潮。本届推介的案例多数融入了乡村振兴的主旋律，松赞酒店建到了曾经无人问津的乡村，从而带动当地的发展，百美村庄和林渡暖村更是杰出代表，他们的发展模式虽然不同，但同样让乡村通过旅行焕发了活力。

主持人：

张　辉　北京交通大学现代旅游研究院院长、教授，博士生导师

嘉宾：

张晓军　中国旅游协会民宿客栈与精品酒店分会会长，唐人文旅智库首席专家，唐乡新乡居生活社区创始人

付　磊　中国旅游协会休闲度假分会副会长，北京同和时代旅游规划设计院院长，全国休闲标准化技术委员会副秘书长

案例代表：

金燮明　景程文化旅游发展（苏州）有限公司总经理

王　军　中国乡村发展基金会副秘书长

张辉：中国旅游发展了40多年，从路径上来讲，我们走过了开放驱动、资源驱动、投资驱动的阶段。发展到现在，下一步可能是创新驱动，因此很重要的一个问题就是我们的旅游产品创新。在中国的旅游领域里最活跃的是乡村，乡村在这十几年的发展中，产品创新、模式创新、品牌创新和业态创新都有很大地发展。我们有很多案例，特别是在座的两位案例代表，一个是林渡暖村，一个是百美村庄，它们是在我们整个创新过程中的杰出代表，也构成了“中国服务”的一个基础。

我们今天主要谈两个问题。第一个问题是：结合林渡暖村和百美村庄这两个案例，目前在乡村旅游发展或者在推动乡村振兴方面，我们现在都碰到了什么样的难点和痛点问题？在乡村旅游发展中，两位案例代表所遇到的痛点、难点是什么？先请中国乡村发展基金会（原中国扶贫基金会）副秘书长王军谈一谈。

王军：从中国乡村发展基金会的视角来看，我们更多关注的是村民增收和乡村可持续发展，从这两方面出发能发现乡村旅游发展有两个痛点：

第一，村民自身能力跟乡村旅游发展的需求是有差距的。现阶段社会的主要矛盾是人民日益增长的美好生活需求和不平衡不充分发展之间的矛盾，实际上城市富裕阶层对乡村的需求很多，但村民能不能接住？乡村能不能接住？刚才松赞酒店的案例做得非常好，一开业就爆红，实际上乡村的痛点和难点就是我们能否做出好的产品来。

第二，从乡村可持续发展的角度来讲，开展乡村旅游项目的时候，村庄能不能受益？村民能不能可持续受益？市场主体去乡村里面发展的时候，它跟村民之间是否有利益共享机制，这是一个问题。实际上我们看到很多地方，市场主体把地买下来之后，自己独立经营，跟村民关系不大，虽然会在当地雇一些员工，但是不会把收益拿出来分给村民，所以我觉得利益的关联是一个痛点。

张辉：现在中国乡村发展基金会在解决利益关联上有什么样的做法呢？

王军：我们一直有一个理念，乡村的山水环境是村庄所有村民共有的，外来的机构或者主体到乡村去，除了租用村民的房子以外，也享受了山水环境、自然人文的增益，那收益必须要有一定比例是给村庄的。

中国乡村发展基金会是一个公益性质的组织，所有资金都来自捐款。我们做出了民宿之后的资产是给全体村民的，做起来之后民宿的收益是归属于村庄的。

张辉：金总在这方面有什么想法？

金燮明：我们因为做的是具体的项目，所以在做乡村旅游的项目过程中，更能够感觉到，比起原来做旅游度假目的地，乡村旅游项目更有难度和挑战。我们遇到最大的问题用一个关键词来归纳就是：融合。主要有以下几个方面：

第一，国家现在倡导的产业融合。旅游业作为第三产业，在进入乡村之后，更多的是为第一产业和第二产业赋能，同时对原有的第一产业的农产品，第二产业加工出来的产品进行重新定价，提高它的附加值和差异化。要做好这个事情，就会面临很多利益的分配问题。

第二，几个主体之间的融合。做一个乡村项目其实涉及到三方面的主体，一是政府，一是集体，一是企业，这三方主体的利益诉求各不相同。从政府来讲是求所在，从集体来讲是求所有，因为东西都是集体的，老百姓的，而企业是求所得。能够用市场化的方式将政府的一些基础配套建设、乡村的一些专项补贴资金或者一些专项款项用好，能够适应市场的发展，能起到良好衔接作用的融合机制，就非常重要。

张辉：您谈到的这个问题很关键，在整个社会发展中，农业化的过程或者农耕文化的过程，会形成村庄治理结构，那么农耕文化受工业化波及后，会形成社区治理结构。近十几年，中国旅游向乡村进军的力度很大。刚才您谈融合，当这样一个自然村完全以旅游为核心，如果还是按照农耕自然村的治理结构，是不是将来会在旅游下一步的发展中存在问题？

金燮明：这就是我讲的第二个融合。中国历朝历代下来，村庄基本上都以自治为主，所有权包括经营的主导权都在集体，所以当企业进入一个村庄，其实更多的是跟集体发生关系，利益上也要跟集体进行分享。这样乡村才能够在长期的经营过程中获得利益，这样老百姓才能够支持旅游业发展。

张辉：你们做项目的时候会不会发生治理结构变化呢？

金燮明：在我们进入村庄之前，村集体的合作社已经建起来了，比如说涉及土地产权问题，会有一个村集体的土地合作社、产权合作社；涉及劳务问题，又有一个劳务合作社。从企业来讲，企业如果要跟每一户老百姓去打交道，交易成本太高。如果有合作社，企业可以跟集体商量，由集体出面，去把老百姓的资源，或者共有的一些资源，比如山地、林地、湖泊这些资源整体打包，然后企业再来跟它产生一定联系，跟集体发生一定的经济利益或者分配。

张辉：这种方式非常好。我想这可能就是下一步乡村旅游如何去健康、可持续发展的问题。我们来采访一下台下的嘉宾——北京乡博博文化旅游有限公司总经理张海龙，看看他是如何把农民的分散闲置资产进行整合的。接下来有请张总。

张海龙：我们主要是解决两个方面的问题：一方面是城市对乡村闲置空间的需求，二是解决乡村百姓如何盘活闲置空间。

首先，打造一个信息化的平台，让城市人更直接、更高效地了解乡村闲置资源。其次，给城市客户提供一个有效的保障机制，解决城市对乡村的信用保障跟信用瓶颈。我们提供了很多标准化的合同，包括合作机制，也是为了乡村的落地项目能够长期良性地发展下去。最后，我们给城市客户提供在农村选址以及设计施工服务，不仅让城市人能在乡村有了小院，盘活农村闲置资源，还会提供后期运营管理，包括如何让闲置的资源变成文旅项目，让闲置的房屋变成民宿，这是我们为城市客户提供的三方面服务。

张辉：金总怎么评价这件事?

金燮明：本质上是一样的。原来村庄主要是第一产业、第二产业，做一些农业种植，这些已经被市场定价过。我们现在更多地要把一些闲散的资源以及一些公共的资源用旅游的方式，以第三产业的方式结合进去，产生第三次定价。这样就使得社会资本或流动性资本往乡村里走，从根本上真正达到第一、二、三产业融合状态。

张辉：打通资本、人才进入乡村的一个通道，可能是下一步乡村旅游发展的问题，资本的渠道和目前乡村的村民治理肯定还有矛盾冲突，这个冲突的解决恐怕是下一步乡村旅游持续发展的关键。

金燮明：所以这是我想讲的第三个融合——村民之间的融合。一旦要发展一个乡村，就会有一些新的村民进来。因为一个活着的乡村需要很多人来居住，这些人，我们称之为新村民。原来住在村子里的老百姓，就是老村民。老村民有老村民的需求，新村民有新村民的需求，这两个需求怎样去融合？这就需要我们成为中间的平台或者中间企业，把一些闲散的资源整合起来。我们希望通过共建、共享、共生的方式，让新村民和老村民在村庄里能够有机地生长。我们抛一颗种子，也不说要建成什么样，可能最终它生长出来的样子是大家都能够接受的样子，我觉得这是比较自然的方式。

张辉：谢谢金总跟我们分享了这么多。接下来有请付磊先生。他们都谈到了两个问题，一个是共享问题，一个是分散资源和治理结构问题，请问您最关注的乡村旅游发展的痛点是什么？

付磊：我比较关心的还是各自的模式。各个乡村的区位、条件和特点差别很大，我们很难拿一个模子去套所有乡村。同程旅行运营的林渡暖村位于长三角，是发达城市群的模式，我管它叫城乡一体化。这种模式适用于像苏州这种比较发达的城市的周边乡村。乡村振兴其实在历史上发生了多次，一般有基本的经济制度或者社会制度的变革。我们这次乡村振兴不会在制度上有大的改变，而是有新的背景和外部动力——一个是工业化，一个是城市化。林渡暖村提供了什么模式呢？它是为一些比较发达地区的乡村振兴提供了一条道路，就是城乡一体化，即乡村要跟它所在区域的城市相匹配。东部的乡村要跟东部的城市相匹配，西部的乡村要跟西部的城市相匹配。匹配起来了，生产和生活无障碍交流了，振兴自然就起来了。

现在主要的问题是乡村与城市的差距比较大。我们之前划分城乡是以产业为依据的，也就是工农差异。城市是工业，乡村是农业，城市是工人，乡村是农民。这样一个差异很难去弥合，因为它是社会分工形成的差别，是经济部类的差别。可是在现在城市化背景下，城乡差别就是一种环境的差别，生活方式的差别以及文化的差别，而不再是一个产业分工的差别。城市里也有农业，很多城市有观光农业，北京城区内还有基本农田。乡村也有工业，有服务业，比如物流、金融、旅游。城乡之间的差别已经不是经济分工的差别，而是环境和生活方式的差别。

所以，如果乡村与所在区域的城市相匹配、无障碍了，就既能保持城乡生活方式的差异，也能达到城乡发展的协调。不能说这个模式适用于所有地方，但是对于城市群特别是一些大城市近郊的乡村来说，找准自己的位置，实现与城市一体化发展，是比较好的一个路径。

张辉：付先生谈了一个很深刻的问题，即乡村旅游处在不同的经济地理条件下，发展模式应该是不一样的。在城市群发展乡村旅游，完全可以做到城市和乡村的互动，像江浙一带的民宿发展、乡村旅游发展，通过一大批企业家或者知识青年，回乡搞民宿、搞乡村旅游。但是如果放到西北，放到更偏远的地方，这种回流能力就相对弱些，这就涉及下一步针对不同空间思考的乡村旅游发展模式。我想问一下张晓军，在十几年的乡村旅游发展中，民宿也是很重要的力量，您认为其中痛点是什么？

张晓军：我认为最大的痛点是如何保护外来企业，现在人们总认为农民是弱势群体，但事实上，根据我的实践，我的企业项目和我观察到的乡村旅游行业包括民宿业的经历，外来企业才是真正的弱势群体。乡村在长期自我发展过程中已经形成了一套行之有效的治理体系，外人如果没有长时间的沉浸式的居住，是无从了解这个治理体系的。

比如说，我要到上虞来投资的话，首先上虞话我听不懂。如果我听不懂上虞话，不会用上虞话和村里老百姓沟通，就不可能融入，更不可能了解，这就是一种自然而然的文化治理体系。

而且，乡村是一个人情社会。村民与村民之间，有时候有了矛盾，会用吵架来表达。但是当一种外来的力量想要进入乡村的时候，村民们就会自然而然地团结起来对付外来力量。

张辉：有这样的案例吗？

张晓军： 有很多。无论是中国乡村发展基金会做的百美村庄项目还是林渡暖村，他们能成功，是因为找到了破解乡村治理原有体系的密码，而这个密码就是融合、尊重。所以从企业的角度讲，我特别希望我们能尽快制定《乡村旅游促进法》，其中最核心的一条就是通过制度机制来保护外来企业投资的长久性。

张辉： 企业家都谈了，学者也谈了，现在就差一个角色——政府。让我们来采访一下台下的另一位嘉宾——浙江省文化和旅游厅副厅长许澎。请问许澎厅长，您觉得在浙江的乡村旅游发展中，政府所面临的痛点是什么？

许澎： 可以给大家简单介绍一下：浙江A级乡村11500个，入选全国乡村旅游重点村47个，重点镇42个，在全国位居第一。全省民宿总量大约2万家，总床位数超过20万张，一年的总营收在100亿元左右，就业人数大约15万人。乡村振兴在浙江起步比较早，依托历年来省委省政府围绕新农村建设的各项重点工作，以“千村整治，万村示范”为主题持续开展的“五水共治”“四边三化”“三改一拆”以及“两美浙江”等专项治理，改善了生态环境，拆除了违章建筑，治理了河网渠道，实现了一张蓝图绘到底。“十四五”期间，浙江乡村旅游共接待了13.6亿人次，创造了1436亿元的总收入。在农民收入占比中，旅游的贡献率达到11.5%，休闲农业和乡村旅游的产业规模超千亿。目前，浙江的乡村旅游发展正处在发展和转型的关键时期。

张老师提到的政策问题，我觉得有两方面政策对浙江乡村旅游发展起到了非常关键的作用。一是坡地政策，是指在严格保护耕地和生态环境的前提下，利用丰富的低丘缓坡资源优势，实施建设项目用地“点状布局、垂直开发”，将具备开发建设条件的山坡地块作为城镇、农村、旅游观光以及绿色产业建设用地，减少各类建设对平原优质耕地的占用。举个例子，有资方投资的项目，总投资5.1亿元，项目占地300亩，但实际上支付的土地购置费只是建筑投影所占用建设用地的11.5亩的费用，其余可能通过租赁等方式获取，通过降低土地成本来吸引更多的投资。二是“两山银行”。乡村旅游发展要考虑把资源转化为资本，把资产转化为资金，流转过程光有资源和资产还不够，要通过整合转化解决发展资金，促进资源资产创造经济收益和社会的效益。浙江乡村有个做法是建立“两山银行”。“两山银行”并非真正意义上的银行，而是借鉴银行“分散式输入、集中式输出”的理念，把碎片化的生态资源进行规模化的收储、专业化的整合、市场化的运作，把生态资源转化为优质的资产包，从而实现“两山”优质高效转化的模式。“两山银行”有助于打通绿水青山与金山银山的双向转换通道。通过“两山银行”整合山、水、林、田、湖、草等碎片化生态资源，搭建“资源—资产、资本—资金”转化平台，使生态资源得到整体保护和高效运营，实现生态资源增值和效益变现。总之一句话，乡村旅游的发展得益于整个浙江新农村建设所体现出来的成果，实现了城乡互动，主客共享。这和各级政府的大力推动分不开。未来我们在乡村旅游的建设上将进一步发挥浙江人创业创新的精神，围绕高质量建设共同富裕示范区，持续推动乡村旅游的健康发展。

张辉：谢谢许厅长。在浙江这个地方，发展乡村旅游有非常好的空间，政府也出台了很多政策。我们每个人都表达了自己理解的痛点，台下有两位同志也发表了对痛点的看法，接下来我们探讨第二个问题——路径。我们现在的痛点，以及目前中国旅游的发展趋势和老百姓对乡村旅游产品的需求，我们在打造“中国服务”产品创新方面，或者通过旅游来振兴乡村问题上，我们有什么样的路径？还请王秘书长谈一下这个问题。

王军：中国乡村发展基金会过去34年一直在从事乡村发展，我做了10年的乡村旅游。我觉得没有一个产业能像旅游业这样可以同时完美地契合乡村振兴的5个方向——产业振兴、人才振兴、文化振兴、生态振兴和组织振兴。

第一是产业上，发展乡村旅游，村民会把自己的房子改造出来做民宿，村民自己有了收入，游客来了又可提供餐饮。之后还可能会催生第二产业，比如说文创、农副产品加工。我们在河北的一个项目就是因为当地的山楂汁卖得很好，后来我们做了一个山楂汁的产业。发展旅游业，也会对它原有的第一产业产生影响。比如说为了适应旅游，第一产业以前普通的种植变成带有观光性的种植业，因为发展旅游，会更加注重无公害绿色产品。

第二，我觉得乡村旅游的发展，一定会促成乡村人才的发展。乡村最大的问题就是空心化。乡村之所以落后，首先是因为地理区位上可能比较偏僻，再有就是它自身的能力偏弱。随着乡村旅游发展，外来资源进入之后，村民的视野会开阔，进而随着旅游的发展进步，同时也会有很多新村民到村庄里来，补充村庄因为空心化导致的人才流失。

第三，乡村旅游也有助于生态振兴和文化振兴。因为要做旅游，村庄不能又脏又乱，所以乡村旅游会带动环境治理，从而保护生态环境，比如说现在中央提出的人居环境改造，基础设施的改造，我觉得这是旅游带来的改变。文化层面的挖掘和创新也能给旅游带来不一样的特色体验和产品呈现。

第四，组织也会进一步振兴。以前的乡村治理是由村两委来治理村庄，乡村旅游发展后会有多元主体到村庄里来。由于旅游是高度市场化的，村庄原有的治理方式、模式会发生很多变化。

张辉：谢谢王秘书长。金总怎么判断呢？

金燮明：其实我们也在做一些探索，我觉得破解之局是走平台化的思路，其实从表现形态上看，每个村子有它各自的特点，最后会体现出千村千面的感觉，但是我觉得底层逻辑基本上是相通的。

刚才张会长也讲到，很多企业是弱势群体，的确是。如果你的体量和话语权和集体或政府不对等，必然会陷入弱势的境地，所以我们看到，很多乡村里单体的民宿、餐饮或者单体业态，会有很大的风险，比如自然的风险、当地老百姓认知上的风险，它们都面临很多不确定因素。我们目前在做一个平台，我们自己不会主营太多具体的经营业态，但是这些业态各自的主理人，其实都在我们这个平台上去做。我们保证每个主理人，可以统一跟集体或者政府共同探讨一些问题，从而解决一些问题。同时从流量上讲，由于我们本身是OTA的头部企业，大家捆绑在一起，在流量和整体曝光上有一定的保障，也会给业态带来经营上的支持。所有问题汇集起来，我们一揽子解决，从基础建设的导引到业态的引进、商户的管理、村民的共享共生，这些问题我们可以通过一系列的呈现，把它逐步融合在一起。这是我们解决这个问题的一个路径和方向。

张辉：谢谢金总。付先生怎么看？

付磊：旅游不是万能的，参与乡村振兴要有所为有所不为。目前这个阶段，乡村基本的土地制度、治理结构不能改变。在这种情况下，首先要明确的是，哪些不能做。我结合同程的林渡暖村的例子说一下路径。

第一，不要触及红线。林渡暖村是农业生产区、乡村生活区，又是太湖水源保护区，也是休闲旅游区。前面三个都在红线之内，只有休闲旅游区可以让企业进入，所以要按捺得住赚钱的冲动。好多企业参与乡村振兴，把利益追求放在第一位，确实是在圈地、占坑，但这个路径跟赌博差不多，很难达到目的。

第二，不要跟村民争利。搞乡村振兴很容易进入这个状态。比如一些企业到乡村去经营采摘园，开办农家乐，村里居民本来就从事这种业态，你参与其中是跟村民抢生意，这不是乡村振兴所需要的。同程在林渡暖村是把一些城市里的休闲业态，比如咖啡、书屋、亲子、手作这些形式引进去，跟村民没有利益冲突。做增量是最有效的，而且效益好的话，也会带动村民一起做。

第三，不要大拆大建。我见过很多整村推进的做法，要么把种养殖业推倒重来，要么使整个村子上楼或者搬走。其实大部分乡村没有这个条件，我们只能通过局部更新来推动整体优化。林渡暖村就是从边缘着手，村子的核心还是村民的住宅和产业，但同程从外围开始，逐步推动融合和共享。

我觉得比较好的路径是柔性的路径。中国人比较讲究“天下之至柔，驰骋天下之至坚”。不要想一下子就把乡村振兴给完成了，还是要逐步磨合、化解问题。城乡一体化就是一个相互匹配、相互融合的过程，功到自然成。

张辉：谢谢付磊。晓军怎么看？

张晓军：我认为最重要最基础的是文化，实际上乡村最大的魅力是文化的魅力。所以我一直认为，不管是哪里的乡村，不管是什么阶段的乡村，如果我们对文化予以足够的尊重，它都有发展乡村旅游的潜质。但是我们要敬畏乡村文化，要研究乡村文化，要表达乡村文化，还要创造全新的乡村文化。

乡村旅游成功的地方，要么是村里人自己开发的乡村旅游，因为村里人是最懂自己村的文化的；要么是能够沉浸式地回到村里，研究文化，把文化创意地表达出来；要么是能够巧妙地嫁接外来和本土的文化。所以，只要尊重、保护、挖掘、创新乡村独特的文化，乡村旅游一定是可持续的。

张辉：关于乡村振兴，我们谈了如何通过旅游赋能乡村振兴问题，其实我们已经看到整个社会中两种发展方式的挤压。一种是工业化、城镇化的发展方式，现在随着城镇化发展，又出现了一种旅游化的发展方式。这两种方式在不断地碰撞，但这两种方式的流动规律完全不一样，工业化、城镇化是乡村到城市流动，旅游化刚好是相反，是城市向乡村流动。所以，在这种情况下，旅游对乡村振兴的赋能应该引起我们的高度重视。不光是学者，我们的实践家们已经做了很多这样的工作，我们在座的各位都做了很多的贡献。

中国式现代化的一个很重要的指标是共同富裕，那么城乡之间共同富裕的问题，也是现代化建设的一个很重要的问题。目前，城乡收入差距很大，这种收入差距不仅表现在现金收入上，还表现在资产性收入上，城市资产收入是乡村资产收入的10倍。

如果在旅游化的过程中，能利用工业化所带来的空心村闲置资源，把资产盘活，一方面给城里人一个休闲度假的空间，另一方面农民有大量的资产性收入，旅游对整个现代化建设，对全社会共同富裕就做出贡献了。

同时，从传统文化保护的视角看，现在传统文化基本上是扎根乡村的，但是由于工业化浪潮，传统文化的传承、发扬是非常困难的，因为文化是一种生活方式，生活方式变了，文化必然要发生变化。但是，通过旅游特别是通过乡村旅游，把所有的乡村文化点全部激活，这就是旅游对乡村文化的赋能。所以，搞旅游不仅仅是挣点钱、发展产业，还是为中国式现代化建设，中国的乡村文化、中国传统文化的传承发扬光大贡献力量。

开篇语：

针对欠发达地区乡村发展落后的现状，中国乡村发展基金会于2013年发起实施百美村庄项目。在10年的运作中，百美村庄项目通过改造传统村庄、整治村庄环境、促进乡村旅游、培养乡村致富带头人、号召年轻人回乡就业创业，依托村两委和合作社进行民主协商，实现成员共享、利益联结的收益分配机制，实施积分管理，惠及了34个村庄，荣获101项国内外奖项。

百美村庄

乡村可持续发展的解决之道

2021年2月25日，习近平总书记在全国脱贫攻坚表彰大会上庄严宣告，我国脱贫攻坚战取得了全面胜利，完成了消除绝对贫困的艰巨任务。我国“三农”工作重心历史性从脱贫攻坚转移到全面推进乡村振兴。

2022年，中国扶贫基金会正式更名为“中国乡村发展基金会”，将继续深入学习贯彻习近平新时代中国特色社会主义思想，围绕巩固拓展脱贫攻坚成果和全面推进乡村振兴实施项目，推进乡村可持续发展；广泛汇聚资源，促进共同富裕；参与国际减贫合作，助力构建人类命运共同体。

百美村庄项目是中国乡村发展基金会践行"绿水青山就是金山银山"发展理念，积极探索乡村文化旅游产业发展，促进农业农村可持续发展的重要项目之一。该项目于2013年发起，通过整体规划和专业设计对传统村庄、旧民居进行内部改造，对村庄和周边生态环境进行维护整治，以开展乡村旅游促进三产融合，培养乡村致富带头人，支持年轻人回乡就业创业，依托村两委和合作社进行民主协商，构建以合作社为载体，实现成员共享、利益联结的收益分配机制，实施积分管理，开展乡村文明建设，最终将村庄打造成一个产业强、生态美、文化兴、机制活、百姓富的乡村振兴综合示范村。

一、乡村可持续发展的探索之路

从2000年起，中国乡村发展基金会尝试探索这样一条路：通过项目援助，实现贫困乡村的可持续发展。从大凉山腹地到三江源源头，从德阳汉族村庄到玉树藏族村落，从四川彝家到贵州苗寨，基金会对乡村发展方向和规律的认识不断修正、深化和完善。以甘达村为例，当年的落后贫困村如今已经成为拥有几百万集体资产，且每年都给村民分红的富裕村。项目成功的关键在于以市场为导向，以合作为基础，以能人为抓手，以产品为起点。这是乡村可持续发展的一条必经之路。

2013年，雅安发生7.0级地震后，中国乡村发展基金会选择雅安市宝兴县雪山村作为重点援建村，实施整村灾后重建项目。基于长期的乡村实践经验及有关“美丽乡村”的设想和思考，加上雪山村独特的地理和自然人文优势，基金会初步确定了乡村旅游项目方向。

基金会联合AIM国际设计竞赛（Architects In Mission）组委会于2014年4月发起了乡村建筑师培训计划，先后组织清华、华南理工、哈佛、耶鲁等中外名校的建筑系学生以志愿者接力的方式到雪山村帮助村民重建住房。

2014年6月，雪山村合作社正式注册成立，全体村民是合作社的社员，享有合作社股份。在基金会工作人员的指导、陪伴下，合作社理事会成员学习自我管理，并筹备建立了合作社专业分社——雪山人家旅游专业合作社。

2015年9月，雪山村项目建成投入运营，在雅安市灾后重建最美乡村评比中，从200多个村庄中脱颖而出，被评选为雅安“美丽乡村”第一村。

雪山村村民田姐家的房子在一个山坡上，地形高低起伏不平。设计师根据地形特点和环境特色，设计出了一座形状奇特的房子。曾经担任过妇女主任的田姐不仅有魄力，还有智慧和毅力。她非常喜欢设计师的设计，排除一切质疑和干扰，严格按照设计方案，建造出了一座与众不同的房子。

建成后的房子外观造型独特漂亮，与山村环境相得益彰；内部空间设计错落有致。后来有一个记者去采访，用“移步换景”来描述它。“田姐家”这个在四川偏远山村中诞生，真正由一个普通农家妇女运营起来的民宿品牌，后来还把分店开到了南京，目前共有3家民宿在顺利运营中。

二、百美村庄项目的实践与新生

中国三星对中国乡村发展基金会“美丽乡村”项目的理念和模式非常认可，2015年确定通过捐赠的方式支持基金会扩大项目规模。于是基金会在“环北京贫困带”通过竞争机制从20个备选村庄中优选出了最终的项目村——河北省涞水县南峪村。

结合之前的实践，基金会开启了乡村旅游项目“运营前置”的特色机制。就分工而言，由基金会负责政府关系协调、项目资金投入和村民合作社的组织动员，由运营方负责民宿产品设计、实施和民宿管家培训、运营；就利益分配而言，根据合作社和运营方所投入的资源，明确了分成机制和保底措施，以此保证合作社的收益。

2016年，南峪村“麻麻花的山坡”高端村宿项目当年启动、当年见效，建成的2个院子7间房投入运营，合作社分红10万元；到了2019年，合作社分红109万元。

基金会总结此前的合作社实践，完善了南峪村合作社的帮扶功能，推出了“三级联动五户联助”的带贫机制和针对建档立卡贫困户的“扶贫股”政策，村宿管家全部由村民经过专业培训后上岗，优先录取建档立卡贫困户，让村民实现了在家门口就业的愿望。在项目带动下，2019年南峪村实现了整村脱贫的目标，村书记段春亭荣获“全国脱贫攻坚奖——个人奋进奖”。

为了增加项目的识别度，突出项目特点，2018年基金会注册了独立的项目品牌“百美村宿”，希望开放和推广“村宿”这个体现村民参与的概念，并基于这套标准产生影响力、形成规模，推动乡村可持续发展。

百美村宿项目以显著的引领示范带动作用，带动了项目村所属县域的乡村旅游事业发展。以河北南峪村为例，虽受疫情影响严重，但是“麻麻花的山坡”2021年全年营业收入仍然超过170万元。近年来随着“麻麻花的山坡”村宿的良好运营，越来越多的村民返回家乡开办民宿。2021年，村里在基金会的指导下成立了旅游民宿协会。截至2023年5月，村里已开办村民自运营民宿57家，民宿相关从业者90余人，共计76套院子，397间客房。

雪山村、南峪村、姜庄村等多个百美村宿项目村陆续被评为“乡村旅游扶贫示范村”。2020年，百美村宿入选联合国可持续发展（SDG）消除贫困代表案例，获2020亚洲旅游红珊瑚奖——年度旅游扶贫项目奖项。

2021年11月，湖北省随州市曾都区人民政府携手中国乡村发展基金会在曾都区洛阳镇九口堰村共同推进实施百美村宿项目。这次的策划方案与之前相比，最大的不同是不再局限于一个村庄的策划，而是以百美村宿项目作为先导示范，在曾都区主导下进一步促进洛阳镇乡村振兴镇域的综合发展，打造乡村振兴镇域发展的荆楚样板。

2022年6月21日，中国乡村发展基金会百美村宿项目正式升级为百美村庄项目。“三农”工作重心从脱贫攻坚全面转向乡村振兴，百美村宿应运转型升级为“百美村庄”。

截至2023年9月，百美村庄项目惠及河北、河南、甘肃、陕西、贵州、湖南、四川、江西、重庆、青海、内蒙古、湖北等13省（自治区/直辖市）30县（区）32村，共计34个项目。目前，项目已累积荣获101项国内外奖项，其中百美村宿项目获得国内外奖项共计24项，所在村庄及民宿荣获全国性奖项54项，省级奖项共计19项，个人全国性荣誉4项。

在乡村的公益赛道上，百美村庄项目不仅修建民宿，还拓展多业态发展，助力女性就业，提升村庄文化生活，开发村庄特色文创……致力于将村庄打造成一个产业强、生态美、文化兴、机制活、百姓富的乡村振兴综合示范村。

三、百美村庄项目模式

乡村振兴着眼于“三农”长远发展战略，实现乡村的全面发展。按照五大振兴的总目标，百美村庄项目通过对项目地认真论证筛选、整体规划、专业设计，将村庄打造成产业强、生态美、文化兴、机制活、百姓富的乡村振兴综合示范村。

（一）产业强，构建“五位一体”发展体系，夯实乡村振兴关键前提

乡村旅游是以“三农”资源为主要载体的特色旅游，是助力乡村振兴的重要抓手。在实践中，百美村庄项目顺应产业发展规律，立足项目地特色资源，开拓产业广度深度，从“吃、住、娱、游、购”五个方面，构建适合乡村资源禀赋的“1＋N”的产业发展体系。

（二）人才旺，强化人才培养，增强乡村振兴活力支撑

人才振兴是关键，实施乡村振兴战略，必须破解人才瓶颈制约。百美村庄项目坚持凝聚培养乡村人才，培养造就一支懂农业、爱农村、爱农民的农村基层干部队伍和人才队伍。强化人才技能培训，开展“民宿管家培训计划”，助力提升村民职业技能，赋能乡村文旅高质量发展；开展“星村民计划”，吸引优秀人才下乡，激励新老村民以“星村民”的身份参与乡村发展、乡村振兴，为乡村产业带来多元化增产增收，为村庄文化传承做出贡献；以“片区＋

三人执行小组”为抓手，把握好“选、育、用、留”4个关键，建立乡土人才成长和发挥作用的长效机制，充分发挥本土干部熟悉家乡一草一木、一人一事的优势，全力培育一批专业素养高的专业性人才；扎实推进人才体系建设，实施“乡村发展开拓者计划”，进一步开拓项目目的地基层干部视野，拓宽工作思路，建设数量充足、结构合理、梯次递进的本土人才队伍。

（三）生态美，坚持“两山理论”，树牢乡村振兴底线基础

百美村庄项目牢固树立和践行“绿水青山就是金山银山”理念，坚持生态优先、绿色发展，在提升绿水青山“颜值”中实现金山银山“价值”，聚焦影响环境质量和人居感受的难点、痛点问题，建立“一个原则、三个方向”的生态改善体系，一个原则指政府主导、技术支持、资源赋能，三个方向为基础设施提升、人居环境提升和韧性社区建设。

（四）文化兴，塑造文明乡风，描绘乡村振兴灵魂底色

乡风文明是社会主义核心价值观的重要体现，是乡村振兴的“灵魂”，也是乡村振兴战略中最基本、最深沉、最持久的力量。

百美村庄项目坚持传承、发展、提升传统文化，深入挖掘优秀传统文化蕴含的思想观念、人文精神、道德规范，定期开展新时代文明实践活动，制定不同社区营造的主题活动，营造和谐、友好、环境宜居的社区氛围，依托当地村两委制定村规民约，从遵纪守法、勤俭自强、消防安全、尊老爱幼、保护环境、移风易俗等方面规范村民日常行为，倡导社会主义精神文明建设，为实施乡村振兴战略提供强大的精神动力。

（五）治理好，激发自治活力，规范乡村振兴根本保障

乡村振兴，治理有效是基础和根基，加快推进乡村治理体系和治理能力现代化是实现乡村振兴的必由之路。百美村庄项目在执行过程中，将村庄的治理工作贯穿始终，立足国情农情，努力建设充满活力、和谐有序的善治乡村，努力构建现代乡村治理体系，从而更好地为乡村振兴提供制度基础和重要保障。

四、百美村庄项目下一步工作的思考

（一）精准把握角色定位，压实各方责任

进一步厘清项目建设中各方的责任，基金会要从之前甲方、乙方，甚至监理的角色中转变出来，坚持有所为有所不为，统揽不包揽，回到资方角色，围绕“资源导入、监督指导”的原则提要求、提标准。在项目启动前要向项目当地政府宣讲到位，做到理念同步，发挥政府作为业主方的主体作用，主导项目实施，主要领导亲自挂帅推进，各部门参与支持，明确各自分工，各负其责。

（二）持续强化乡村治理，完善治理体系

数字化、积分制作为乡村治理体系重要的一环，体现乡村振兴

的关联性以及借鉴、复制价值。在当前积分制管理系统基础上，要通过项目实践丰富系统内容，进一步加强系统研发工作，实现数字化工具与积分制管理的有效结合，完善系统功能的实用性，强化乡村信息资源互联互通，完善信息收集、处置、展示及调节机制，并实际应用到村庄治理工作中，切实发挥其指导项目收益分配的辅助作用，实现乡村社会治理主体多元化、治理机制科学化、治理手段精细化，更好提升乡村治理效能。

百美村庄以“产业强、人才旺、生态美、文化兴、治理好”五大振兴为奋斗目标，展现中国乡村的崭新面貌，推动乡村振兴综合示范村的建设，拾起乡村脉络，在充满可能的土地上，播下更多希望的种子。

开篇语：

林渡暖村项目是同程旅行携手苏州吴中区横泾街道共同打造的农文旅融合样板项目，瞄准“一站式乡野度假目的地”的定位，借助“互联网+”，利用文旅+社群新场景，助力乡村振兴高质量发展。

林渡暖村以“产业赋能、有机生长”为核心理念，通过农业、旅游、教育、康养等产业的赋能，实现整村的“有机生长”。除此之外，林渡暖村还吸引发掘了众多国内景区开发、乐园运营、品牌管理等方面的专业人才的加入。

未来，林渡暖村将继续保护、利用、开发好太湖得天独厚的文化和在地太湖原乡村落优质的生态资源，为长三角地区建设宜居宜业宜游的优质生活圈注入新动能，擦亮“天堂苏州 最美吴中”文化旅游新名片。

林渡暖村

“有机生长”的太湖原乡村落

林渡暖村坐落于风景秀丽的苏州市太湖边，是太湖边唯一一块未开发区域，毗邻上海、无锡、常州等长三角城市，生态优越，交通便捷。项目占地14平方公里，总投资10亿元，西至东山大道，东至滨湖大道，北至泾南路，南至太湖，涉及13个自然行政村（如上林村、新齐村、新路村等）。

整体规划以“产业赋能，有机生长”为核心理念，在保留原村文化的基础上，通过农业、旅游、教育、康养等产业的赋能，实现整村的“有机生长”。规划分为两大板块：南部文旅片区（涵盖林渡小火车、小稻丁农场、水上运动中心、Camp Wonder奇思妙想营、不觉晓营地等）以及北部的太湖村落（东林渡、西林渡、南章、古舍）。整合静休疗愈、创新创业、整村配套、民宿度假、亲子玩乐、生活美育、教育业态七大板块，将其打造为乡村生活的精神家园，有机生长的自循环村落。

除此之外，林渡暖村还吸引发掘了众多国内景区开发、乐园运营、品牌管理等方面的专业人才的加入，与道禾、陶庐、Emanuele意大利餐厅、心田里、Camp Wonder奇思妙想营、不觉晓、剑鱼等知名品牌达成战略合作，邀请国际国内设计大师青山周平、张雷、俞挺，以及新锐设计师林弘彪、于大伟、侯之、马嘉伟等为整个项目进行建筑打造，目前村庄内一期10余栋建筑引入多个业态，并相继开业林渡陶庐、林渡陶庐二期、慢陶美育基地、暖村小院、道禾美术馆、大山博物志民宿、陋室铭、心田里、Emanuele意大利餐厅，在整个村庄内形成了课程、住宿、手作、工坊、书店、餐厅等体验项目。

一、创新点和先进性

（一）注重产业融合，开发优质乡村度假产品

国内旅游消费需求正快速升级，林渡暖村深化“乡村旅游+”，跨界融合、线上线下融合，不断打造新产品、新业态，走向特色化，提供优质旅游服务供给。4个自然村落的规划设计包含住宿、餐饮、娱乐、教育等各类业态，针对不同消费水平、年龄层次的客群，推出多样化、个性化的旅游产品，涵盖自然教育、生活美

学、亲子、艺术文化等新业态。

（二）瞄准“一站式乡野度假目的地”的全新定位，精准助力乡村振兴

林渡暖村围绕“自然美育教育”“文创设计”“乡野度假”，以“2+3”新模式精准助力乡村振兴，为解决乡村产业及人口“空心化”难题进行有益探索。

（三）以数字化助力乡村振兴

林渡暖村以村庄为基础，平台共建为载体，打造数字乡村系统，通过实地测量测绘，实现二三维模式切换观看村貌，并开发出集线上导览、电子地图、购票、住宿、研学及惠农于一体的小程序，以数字乡村建设激活乡村振兴新动能。

（四）品质优先，注重农文旅融合

林渡暖村以农文旅产业为抓手，将横泾大米形成农创产品，将农田结合采摘体验形成课程，加大力度推动旅游与乡村自然资源、文化价值、生态环境、特色村落的深度融合，以“农”为根基、以“文”为神韵、以“旅”为表达，进一步激发乡村经济活力，持续助推乡村振兴。

（五）培育乡村新产业，为村民创造新就业机会

在乡村运营管理过程中，优先考虑本地现有居民及返乡居民就业，积极组织农民培训，充分利用乡村现有资源，调动农民的积极性，带动横泾当地三四百人就业。打造农村优势产业，既与乡野文化和谐统一，又能丰富业态，促进新老村民多维融合，最终形成一个远离城市喧嚣，有善意、有温度的精神原乡。

（六）重视校企合作，为乡村振兴育才

在教育成为乡村振兴战略“新动能”的环境下，林渡暖村积极探索校企合作新模式，不断注入教育力量，助力特色乡村的可持续发展。充分发挥校企双方优势及高等教育为社会、为企业服务的功能，为当代大学生提供良好的社会实践场地，也为吴中人才培养和全面乡村振兴贡献力量。作为吴中乡村振兴标杆项目，林渡暖村将继续以促进就业为导向，以培育储备产业人才为目标，努力为校企合作模式提供实践支持。规划中涉及的餐饮、住宿、会议接待等很多专业门类与文化类、旅游类学校的契合度很高，借力学校的专业优势，结合横泾在地丰富的民俗文化，切实服务地方经济文化，不断丰富政策引才、产业育才措施，构建协同育人平台，实现产教融合聚才，培养出适应社会需要的新时代人才，为高质量发展积蓄动能，携手并进实现互惠共赢。

二、文旅融合实践

林渡暖村完整地保留了南方村落的自然风貌，通过产业发展，融合文化、旅游业态与乡村生活场景，既与原有乡野文化和谐统一，又丰富了业态，满足了现代人生活休闲、体验度假的品质需求。

林渡暖村以传统农耕文化为重点，打造出环境宜人、业态丰富、文化深厚、乡风文明的农文旅平台。平台内部通过各个业态

将农事体验、自然教育、自然美景、非遗课程、特色美食、休闲娱乐形成一条有地域特色的生态休闲线路，同时也通过共享菜地让周边市民体验农耕的乐趣，感受乡村田园的独特风情，成为“新农人”。

2021年10月，林渡暖村启幕。林渡陶庐、林渡小火车、林渡花海正式对外营业。林渡暖村是苏州首个使用有轨小火车作为主要代步工具的村庄，“暖暖号”和“渡渡号”观光小火车作为村里的交通工具，从太湖站出发到花海站下车，穿越田野，驶过花海，飞跃丛林，所见的风景都如诗如画。而俞挺大师操刀设计的林渡陶庐作为村庄的第一个民宿，也承担起了游客的住宿需求。不仅如此，陶庐也会经常接待婚礼、生日会、团建聚餐等活动，暖村定期开展的节庆活动，如圣诞晚会、新村民一期一会也时常在这里进行。

林渡暖村在启幕半年后开始搭建农村创业创新平台，推出共享菜地招募计划。为满足城市人的田园梦想，暖村的农场主可以从租赁日起的一年内随意规划，菜地所有产出蔬菜归认领者所有。这样不仅种植的蔬菜无污染，种菜采摘也成为了一种休闲娱乐方式。暖村会定期开办种植、采摘等自然课程，引导孩子们走进自然，探索自然，体会食物的来之不易，懂得感恩，学会珍惜粮食。有家长的陪伴和互动，这样的体验会成为孩子成长过程中难忘的快乐瞬间。

2022年10月，林渡暖村正式开业。森林林、Camp Wonder奇思妙想营、林渡陶庐二期、慢陶美育基地、慢陶文创咖啡、无动力乐园、暖暖农场、小稻丁农场、水上运动基地等业态也正式对外营业。森林林亲子俱乐部打造的是一个集吃喝玩乐为一体的儿童林中乐园，外形看上去像一座城堡，里面包含多层立体玩乐空间，大滑梯、攀爬架、海洋球池等游乐设施及淘矿工场、时令手作、搭建课等体验式项目。Camp Wonder奇思妙想营是暖村第一个开放拎包入住的露营区营地，游客们在这不仅可以感受到林下露营的自由，同时还能进行户外BBQ、SUP桨板、皮划艇、飞盘游戏、露天电影、烟花、篝火、ATV越野车等吃喝玩乐项目！这里不仅是个营地，更是一个野生又好玩的“乐园”。林渡陶庐二期作为一个家庭民宿，内设了13间双床房及1间亲子loft，同时还拥有独立泳池、攀爬墙、秋千、滑梯、蹦床等设施。在慢陶美育基地中，游客们不仅可以制作精美的陶艺、玻璃制品、肌理画等手作，还可以带小朋友参与二十四节气一日营，提升孩子们在自然中认识美、感受美，进而创造美的能力。慢陶文创咖啡不仅有陶艺产品展示，还兼具水吧功能，游客们可以在这里的室内外空间喝喝咖啡，欣赏乡野的自然美景，度过悠闲的下午。无动力乐园则将沙、石、泥、树、木五大元素相结合，构建出了一个包含木屋、滑梯、沙坑、障碍物等贴近自然的孩童游乐场地。暖暖农场位于小火车太湖站，设置了挖沙、钓鱼、蹦床、射击等游戏，填充游客们等待林渡小火车的时光，让旅程更加丰满。小稻丁农场则拥有独具特色的原生态风格和慢节奏生活体验区，牛羊示范区、稻田观赏区等展示让游客们能深入了解农耕文化。水上运动基地则将肥仔艇引入景区，让游客在乡野也可以玩到水上项目，增强村庄旅游的可玩性。

2023年4月，暖村内另一个营地——不觉晓CAMPING开业，为暖村新增的临湖露营住宿方式。这里不仅会为露营者提供高品质的露营装备，还会不定期举办主题活动，让游客们可以有一个开放式的聚会社交空间。

2023年10月，林渡暖村开业一周年，陋室铭、心田里、Emanuele意大利餐厅、摇橹船正式营业。陋室铭茶馆以空间为载体，以茶饮为媒介，通过主题展览、特色茶饮、器物纸裳等方式向大家传达生活的美学与诗意。心田里作为一个集书店、民宿、咖啡、文创、自然美育为一体的人文复合空间，为爱书人士提供了一个阅读场所，这里不仅有藏书，还会举办阅读会、分享会、签售会等活动。由原米其林三星餐厅主厨主理的Emanuele意大利餐厅，则为游客们带来了地道的意大利风味美食和就餐体验。新开的摇橹船更是将水乡的特色景致如画卷般展开，让游客们在游乡野的同时不忘感受江南风光。

开镰节都在林渡暖村举行。依托“开镰”传统农事节庆，全面展示横泾街道在农业生产、农文旅融合、乡村建设等方面取得的长足成效。林渡暖村农业二产前伸后延，产品附加值高，横泾大米已成为林渡暖村乃至苏州的一张绿色名片。林渡暖村努力促进传统农耕文化的现代化发展，引进横泾大米产品，结合农业生产和生活进行文创设计包装。林渡暖村文创项目以宣传横泾特色农产品为目的，打造品牌文化，向新时代新青年宣传横泾大米以及在地文化。通过文创包装，提升人们的节约意识，以插画直观唤醒国民内心深处的民族自豪感，从而达到对传统民俗的传承与发展。家长可以带着孩子走进稻田，学习水稻的相关知识，并亲手体验收割稻谷、打稻谷、捕鱼，上一堂生动的农耕文化体验课，近距离感受自然生态。

三、经济效益和社会效益

林渡暖村基于太湖边村落的独特性及特有的生态资源，邀请国内外知名建筑大师进行创意设计，以打造乡村空间的美学构建为核心，对传统建筑进行改造并策划与之匹配的功能业态。林渡暖村结合“新村民招募计划”，鼓励引导新村民参与暖村的“共建、共享、共生”，从传统文化挖掘、文创教育、艺术展览、餐饮娱乐、乡村康养、研学体验、特色农产品等不同角度，为乡村助力，探索美丽乡村建设的创新型解决思路。整体建成后预计三年内客流量达到200万人次，年均旅游收入达到1000万元，旅游人数和旅游收入年均增幅超过10%，项目运营更加注重挖掘复合型价值，注重农业发展与旅游的结合，发展观光农业，做到路边稻田油菜花可观赏，传统农业可体验，自然教育与传统游乐相结合的现代乡村旅游新业态，在游客快乐体验的同时提高村民的收入，做到了农村第一产业和第三产业的有机结合，既顺应了城乡居民消费拓展升级的趋势，也满足了大众旅游、全域旅游的需求。

林渡暖村项目通过理想生活方式的运营打造，盘活乡村闲置土地、房屋资源，多维度探寻乡村振兴工作的着力点与创新路径，构筑新的城市旅游空间结构。林渡暖村通过民房合作社租赁村民房屋，带动培育村民业态；充分发挥项目对周边的辐射影响，通过产业＋互联网＋社群的赋能，重塑美丽乡村。

林渡暖村深挖横泾当地特色文化，保住乡村风貌，保留乡土味道，促进稻田文化、木船文化、旧木文化，榫卯文化、米烧酒文化传承发展。林渡暖村充分利用当地农业资源，打造大米文创产品，探索出一条传承传统文化、助力乡村振兴的新路径。在乡村运营管理过程中，林渡暖村优先考虑横泾当地村民以及返乡村民就业，并积极组织村民培训，充分利用乡村现有资源，调动村民的积极性，带动横泾当地近400人就业，分配到林渡暖村内运营、园艺、保洁、安保、工程等工作岗位。

林渡暖村已逐步在乡村振兴的道路上探索出了一条促农增收致富之路，向农文旅融合示范区的目标持续前行，为长三角地区建设宜居宜业宜游的优质生活圈注入新动能，带动项目地及周边产业发展，成功擦亮了吴中横泾这张文化和旅游名片。

未来林渡暖村将继续重点引进涵盖自然教育、生活美学、亲子活动、艺术文化品牌业态进驻，形成村落的灵魂，打造城市第二生活社群，同时引入高端度假酒店和品质民宿，优化短途游、周末游、自驾游的旅游市场产品供给，最终形成一个新村民聚集的社区，成为一个可持续的健康发展的村落。

林渡暖村大事记

·2021年10月1日，林渡陶庐、林渡小火车、林渡花海对外营业，林渡暖村正式启幕。至12月，林渡暖村累计接待游客近30万人次。

·2021年10月17日，共振共生海南国际文创周顺利落幕，林渡暖村获评“乡村振兴创新示范村”，荣登2021中国乡创地图。

·2022年1月12日，林渡暖村作为乡村旅游新发展模式典型案例荣登人民日报、学习强国等媒体平台。

·2022年3月20日，林渡暖村自然课堂获央视经济频道专题报道。

·2022年10月1日，林渡暖村正式开业。森林林、Camp Wonder奇思妙想营、林渡陶庐二期、慢陶美育基地、慢陶文创咖啡、无动力乐园、暖暖农场、小稻丁农场、水上运动基地等业态对外营业。

·2023年1月18日，林渡暖村入选2022年苏州共享农庄。

·2023年2月22日，林渡暖村获评城乡休闲一体化示范项目。

·2023年3月26日，林渡暖村在三亚海南国际文创周中获得“国际慢村共建基地”授牌。

·2023年10月，林渡暖村开业一周年，陋室铭、心田里、Emanuele意大利餐厅、摇橹船正式营业。

专家访谈（二）

跨界融合助力目的地创造性发展

开篇语：

进入互联网经济时代，跨界成为热词，跨越不同的领域，代表一种生活态度和审美方式。文旅融合就是跨界，旅游业与各行业相互渗透，融会贯通创造出新型业态。在本届推介的案例中，福建永定土楼引进了当今时髦的电竞游戏，星星酒店建在一片荒凉的沙漠中，古老与现代，粗犷与精致相互对照呼应，给人以穿越时空之感。

主持人：

葛　磊　中国旅游协会旅游营销分会副会长，中青旅研究院副院长，中青旅联科数字营销有限公司首席创意官

嘉宾：

张树民　中国旅游协会旅游营销分会副会长兼秘书长，华侨城（深圳）旅游发展集团执行董事、党委书记、总经理

孙　健　洲际酒店集团大中华区首席发展官

案例代表：

张开梅　福建客家文化旅游集团有限公司董事长

朱文军　中旅（宁夏）沙坡头旅游景区有限公司副总经理

葛磊： 旅游业正在从狭义旅游的阶段进入广义旅游的阶段。在狭义旅游阶段，我们更多谈的是景区、酒店，但是今天可以说，处处皆旅游，万物皆旅游。文化和旅游的融合就是一种底层逻辑的融合，此外旅游又和农业、工业、艺术、科技各行各业跨界融合。今天在党的“二十大”的背景下、在中国式现代化新征程中，我们也在和城市更新、乡村振兴、生态文明建设紧密结合，所以融合是这个时代的大主题。

我们今天来谈一谈，如何用融合推动目的地的创造性发展。过去几年，尤其在疫情当中，大家不断被小红书、抖音的文案“沙漠当中落下了一颗星星”刷屏。宁夏前几年一直在打一个营销主题——星星的故乡，西藏、内蒙古质疑道：“凭什么你是星星的故乡？”结果沙漠星星酒店横空出世，把星星的故乡坐实了。我们的的确确在沙漠当中做了一个像星星一样的酒店，而且一炮而红。

2022年的双十一，沙漠星星酒店在预售中卖了4000多万元，基本上售出了全年一半的销售额，所以这个酒店不光是产品创新，其实营销做得也很成功，接下来我想请来自沙坡头的朱总分享一下沙漠星星酒店背后的故事。

朱文军： 沙坡头沙漠星星酒店是在宁夏文旅厅打造的“星星的

故乡”品牌IP下，第一个投资运营的景区复合型度假产品。星星酒店是在疫情期间火爆出圈的，也被很多游客和网友称为“地球上最孤独的酒店”。它的设计理念是以沙漠、星空、禅意为主要元素，一经面世即得到了很多游客的热捧。

珍贵并且免费的星空资源全国各地都有，但为什么只有星星酒店能快速在市场中被点赞？我觉得有三个必然性和两个偶然性因素，让沙漠星星酒店在疫情期间实现逆袭。

第一，颜值高。美好的事物总是让大家无法拒绝，沙漠星星酒店身处沙漠腹地，是可以看到茫茫的腾格里沙漠的，中间一颗大星星，旁边四颗小星星。中间的大星星是星旅之家，也是酒店主体楼；湖边的四颗小星星，将沙漠自然的层次感，以及沙漠不同时段的美态融入整个设计中，在空中鸟瞰的时候视觉冲击力很强，在浩瀚的沙漠中显得奇特。可以说，星星酒店的选址和设计就赋予了它网红基因。我们在宣传的同时，又有很多小红书和抖音的网红达人被星星酒店独特的造型吸引，前来打卡。通过网络种草，带动更多的游客拔草，因此也算得上一夜成名。

第二，创意新。沙漠星星酒店是中国首个以星空度假为主题的产品，它以星空作为着力点，所有的房间以五行“金木水火土”和十二星座命名。不论是什么年代的人群，在这里都可以选择自己心仪的房间。产品是营销之根，所以我们在产品设计的时候，住星星酒店，品星空晚宴、听星空讲座、看星空演艺、观大漠星辰、悟星空之道，这一套体系让人感到耳目一新，这就是创新。同时，我们在周边还做了很多配套景观，比如沙心海，这是沙漠中的一个湖泊，与干涸的沙漠形成一种差异感，周边还有无边际泳池、椰子树、360星空房间、下午茶。很多游客都喜欢在这里打卡。

第三，合作广。在跨界的年代，产品是不能独立存在、独立运营的。在这几年，梵克雅宝、兰博基尼、万宝龙、IBM很多新产品的发布会都选择在星星酒店举办。通过他们的IP流量和品牌创新，我们进行了借势造势，比如梵克雅宝做活动的时候，我们的关注度接近3.4亿人次。湖南卫视《妻子的浪漫旅行》《女儿们的恋爱》，江苏卫视的《一起露营吧》，浙江卫视的《奔跑吧兄弟》都到星星酒店进行过一些场景化植入。一些网络综艺节目也会来酒店取景。电视频道以及网络平台上的播出，再一次提升了品牌知名度和传播力。跟着明星去旅行，已经成为很多Z时代所追逐的卖点。我们还有一些借势营销，比如星空朗读大会、数字音乐节，包括一些高峰论坛都在我们这里举办，加大了星星酒店的品牌曝光。以上是我讲的三个要火的必然性。

除此之外，沙漠星星酒店的出圈也有其偶然性。三年疫情让我们的出境游一度熔断，国内的高端出境游回流，而一些高端度假产品的诉求一时得不到满足。中国的中高端消费人群达到了5.6亿，沙漠星星酒店恰好符合这类群体的消费需求。

另一个偶然性，就是三年疫情让很多人焦虑，于是产生了一个新名词，叫治愈式旅行。沙漠星星酒店是在沙漠中的最孤独的酒店，游客在这里可以发呆，可以静心，刚好符合最佳治愈式旅行目的地。正是这三个必然性和两个偶然性让沙漠星星酒店火爆出圈。

葛磊：三年疫情听了很多旅游业不好的消息，其实这三年也让人认识到中国也有好的旅游产品，我们也有新的世界级的旅游项目。在疫情之前或者沙漠星星酒店之前，人们是先去宁夏，再选择酒店，但是沙漠星星酒店创造了一个新的模式，人们会为了这家酒店而选择去宁夏，对么？

朱文军：是的，沙坡头是国家5A级旅游景区，它是一种复合型的旅游景区，景区有了沙漠星星酒店之后，整个客源结构也发生了变化。

过去单纯景区观光的时代，我们的景区周边游占到50%~60%，而沙漠星星酒店吸引了更多高端消费人群。长三角、珠三角客群占50%以上，京津冀以及川渝地区占30%左右，而本地及周边客源不到20%。也就是说，度假式产品已经改变了大家过去的出行方式。一个点就有可能引发出游的动机和欲望，直接把这里作为一个旅游目的地。

葛磊：是的，不光是沙漠星星酒店，松赞等一批有文化属性、有颜值的度假型酒店，正在改变我们的旅游产品结构，也在改变消费者的消费方式。

2022年旅游产品创新案例中有一个案例让我感觉很惊喜，就是我们古老的永定土楼与最前卫时尚的天涯明月刀电竞游戏的融合。现在特别流行一个词叫元宇宙，但是元宇宙不是单纯线上，它是线上线下的融合体，最终还是要为我们线下导流，这为我们旅游行业跟虚拟世界来进行跨界融合提供了特别好的范例。有请来自我们福建客家文化旅游集团的张开梅先生分享一下这个案例背后的故事。

张开梅：非常荣幸能给大家分享我们这个案例。永定土楼历史悠久、规模宏大，结构奇巧，被国内外的专家学者誉为“世界上独一无二的神话般的山区民居建筑”，也是我们客家文化的象征。永定现存的土楼有23000多座，其中最具典型性的圆土楼有360多座。2014年，腾讯旗下的北极光工作室来到永定土楼采风，把我们土楼的元素融入游戏产品开发中。土楼是一个大家庭和谐相处的典范，一个大型土楼往往居住着一个大的家族，有几十户甚至上百户在一起生活。

但是古老的土楼无法满足我们现代生活的需求，很多人家都迁出了土楼，大量的闲置土楼怎么办？大量空置的土楼将得不到有效的保护，毕竟列入世界文化遗产的只是小部分。我们也一直在探索如何解决闲置土楼的活化利用问题。

近年来，我们成功活化利用土楼做高端民宿。2021年，腾讯互娱公司寻求文旅非遗资源合作的项目，在文旅部的指导下，我们经过充分沟通、现场调研，选择了世界文化遗产福建永定土楼保护区旁的一个大型圆土楼。这个土楼已经几年没人居住了，其实几十年前大部分人就搬走了。因为不在世界遗产保护区内，得不到有效的保护，土楼的有些主体已经有倒塌的风险，里面的梁柱东倒西歪，看上去非常破败。我们跟腾讯以及当地的民宿龙头企业共同达成以天涯明月刀IP为主题，以客家文化以及这个土楼的特色建筑来共同开发一个文旅融合、跨界融合的样板。

在建设过程中，我们按照原风貌保护、修旧如旧、尊重原貌的原则，对整个土楼外观进行了整体修缮提升。100多年前土楼被火烧留下一个切口，正好是原土楼的中心位置。如何利用这个切口呢？我们将其改造成福建土楼的第一个观光电梯，并在上面搭建了一个大型的观光平台，正好也是一个演出平台。

这个土楼有4层，建筑面积5000多平方米。我们将一楼结合天涯明月刀IP打造了一个游戏体验场景：古老的房间和古风的天道元素相融合；再将大型土楼客家人常有的观音厅改造成天涯明月刀主题的演艺剧场以及电竞赛事活动的举办场地；二至四楼打造了一个35间的高端民宿以及电竞主题的客房，在外围原来有很多旱厕，我们进行整体拆除后做成一个美食购物商业空间，这样游客在晚上就有地方游玩。整体做下来，原来的破败土楼变成了一个土楼民宿、电竞剧本游戏以及美食购物融合的文旅跨界样板。

在这个项目实施后，我们又承办了模特大赛，时尚与古老碰撞。整场活动不仅在全网的播放量达到3亿+，而且在美国的时代广场大屏亮相，应该说效果是比较好的。2022年，《天涯明月刀》的新年贺岁片，《天地劫》以及台湾客家歌手光良演唱的定制主题曲《天地无乡》融入了大量的土楼元素。我们也承办了茅台、小米、沃尔沃、农夫山泉等产品的发布会活动，通过项目打造实现了土楼从观光到观光休闲度假一体化的转变。以前，游客来土楼游览很多是在上午或者中午，看两个小时就走了，但现在游览高峰期变成下午，一直到晚上都还有很多人进进出出，夜游经济开始出现。这个项目也带动了周边很多民宿的发展。现在景区周边跟我们谈投资协议的就有好几家。2023年春节期间，一间民宿客房最高卖到4300多元，均价在2000多元，而且整个春节期间一房难求。

葛磊：感谢张总。张总更多地从线下的角度看线上给我们带来了什么，从腾讯的角度我觉得这是双向奔赴。因为我们从腾讯那里可能得到了流量、营销、IP，而腾讯也把土楼虚拟化，植入《天涯明月刀》的故事体系当中。从某种意义上来说，也是把线下的文化旅游资源向线上的年轻人进行普及，我觉得这就是特别好的双向奔赴。特别期待未来看到土楼元宇宙与年轻人形成更好的连接。

之前，我问洲际酒店的孙总，疫情放开之后的经营情况怎么样，他说洲际大中华区酒店在2月基本上已经恢复到疫情之前的水平了。洲际一直是特别有品质保证的国际化品牌，它在和中国的融合，和不同的旅游目的地的融合当中也在潜移默化地发生一些变化，以体现出更多本土化的特色。有请孙总就融合的话题做些分享。

孙健：我在迪拜体验过非常有名气的滑沙项目，当时有很多跟拍，就像现在中国酒店的旅拍服务。很遗憾我还没去过沙坡头，看了沙漠星星酒店的介绍以后，我觉得中旅沙坡头可能已超越了迪拜的沙漠酒店。土楼申遗成功令人激动，我带着家人去看了土楼和云水谣，但那个时候还是走马观花式的。那时的土楼不接待客人入住，不能提供沉浸式体验，所以我觉得张总的实践是非常有意义的。

谈到洲际集团跨界融合，以及和中国的融合，我们很荣幸上海佘山世茂洲际酒店获得第三届“中国服务”·旅游产品创新大会推介。那是建在采石坑里的深坑酒店，修复地球的伤疤。这家酒店做了很多融合跨界的合作，比如和专业公司合作做低空飞行、攀岩、滑艇等，让客人来了以后除了住一晚酒店，还有不一样的体验和感受。

另一个案例是海棠湾皇冠假日酒店。海棠湾的酒店特别雷同，那怎么做到与众不同呢？我们打造了亲子酒店的概念，完全是以小孩子的体验为中心，我们和台湾玩具岛合作，小朋友到酒店后会被安排一系列的活动，小孩子玩得开心了，大人自然就开心了。所以海棠湾皇冠假日酒店的价格特别高。海棠湾的网红酒店没有几家，而它是其中出类拔萃的。

谈到融合，今天我想说的是华邑品牌HUALUXE。洲际集团1984年就在北京开了丽都假日，现在已经39年的时间了。我们一直秉持“在中国，为中国”的理念。洲际从来不标榜自己是国际酒店集团，而希望自己是在中国的非常接地气的酒店集团。为了体现这样的理念，我们在2012年创立了“Made in China, Made for Chinese”的品牌，在太庙举行了品牌发布会。七周年的时候，我们在西安城墙做了《华邑夜 梦长安》；十周年的时候，华邑推出全新2.0设计，和新水墨画家陈九老师合作设计房卡和客房用品，用现代手法体现《四郎探母》《白蛇传》《龙凤呈祥》等中国戏曲的美；和华人服装设计师Grace Chen合作设计高定的员工制服。新版的华邑设计强调“一邑一承”，每家华邑酒店都会提炼当地的非遗元素。我们在西安的唐华华邑酒店，不仅有黑珍珠中餐厅，其设计和服务与大唐不夜城、曲江及西安巧妙融合，曲江文旅和西安市政府对我们都非常认可。

葛磊：原来我们都认为洲际是高度标准化的酒店，没想到现在也开始和中国文化深度的融合。昨天和一个酒店人聊天，我说现在的酒店可能更多的是品质的竞争，但是未来一定是文化的竞争，更多凸显它的特色和不同的差异化体验。

华侨城一直都是中国融合的引领者，早期我们是城市和旅游的融合，用旅游去带动城市发展。华侨城可能最被大家耳熟能详的是欢乐谷。其实，华侨城在全国几十个城市的一两百个不同的旅游产品是融合在我们的乡村，融合在我们的青山绿水之中。有请张树民先生谈一谈华侨城的融合发展之路。

张树民：很高兴能够和各位分享华侨城的相关情况。听完刚才几位的分享很受启发，我感觉大家谈的跨界创新，更多是聚焦在单体产品领域的跨界融合创新。华侨城除了一些文旅终端产品创新，还一直致力于目的地旅游产品迭代的实践，在做全产业链的跨界创新，所以我从目的地综合开发和投资方面，谈谈自己对“跨界融合”的认识。综合起来分析，可提炼为对三个字的解读。

第一，界。旅游业其实是一个高度市场化的行业，即充分竞争的行业。所以，中国旅游业发展到现在，一直有一个普遍的潜在心理，就是大家在做目的地投资开发的时候，或者做单体产品的时候，潜意识里都特别希望先能够“结界”，而不是“跨界”。大家都希望自己迅速独占空间资源、让别人攻不破，形成自己的优势护城河。当然这是做竞争的普遍心理，本无可厚非，但因为行业发展太迅速、竞争太激烈，而且旅游业产业链条太长了，做一个综合目的地，涉及到的产业面也太宽了，常常守着“结界”做法的成功案例不多。一个企业总是秉承自我结界思维，视野不够，欲速则不达。但是如果有“破界”思维，打开心胸，把目光放在整合资源上，会比较容易成功。尤其现在，那些格局开阔的、整合资源能力强的、综合实力积累快的，反倒是容易成功的。

第二，跨。在跨界上，“横跨”和“纵跨”是有很大区别的。说起跨界，我们常常最先想到的是“横跨”，例如，最近几年其他行业很多的投资者或企业家一步踏入到旅游业，这个就是横跨。但是旅游业的规律是旁观时感觉很浅、做起来感觉很深，如果还没有深入地了解旅游业的规律性，就突然之间轻率地一脚踩进来，就可能立即陷在某个项目里，持续交学费，并且还可能把自己拖垮。而“纵跨”就是在产业链的上下游做文章，先试探性做一个领域，然后再扩展到其他。我在很多场合都表达一个观点：“业务是长出来的，不是想出来的”，所以如果把握“纵跨”的节奏，就很可能会成功。

第三，创。大家谈跨界和融合创新，最终的目的肯定都是想让产品更好，或者延伸一步让好项目模式更标准化的快速输出。那么在创的过程中，到底是“跟随”还是自己创造？很多人都会讲“当然是原创”。其实真不一定，我感觉可能最开始的时候还是要去做必要的跟随的。跟随，不是简单盲目复制，而是用跟随给自己时间积累，并通过观察和实践发现深层次规律。有一两个成功案例之后，再做自我创新，最终的竞争力，还是决定于原创力。

华侨城在创新方面，既形成了原始积累，也坚持着内在规律。举例来说，在疫情期间，北京欢乐谷每年的纯利润一直保持在几千万元。究其原因，就是我们在创新方面做了很多事，如以新国潮串联六大节庆活动、科技创新“天方夜谭PLUS”、IP合作、跨行业联动、深挖会员经济等，都是用破界思维，形成跨界的新效果。关于我刚才提到的前后产业链的纵跨，我们有一家文旅科技公司，是国家的双百企业，它就是以主题公园的空间，向上下游延伸，向上延伸出一个叫“卡乐星球”的IP，往下游延伸是卖主题公园的设备。在新领域方面，我现在所在的华侨城旅游发展集团，是华侨城集团去年做专业化整合的时候新成立的一家二级子公司，它主要的目的是在传统优势，如欢乐谷、酒店等之外，迅速衔接现在旅游业出现的各种多元化系统性的创新。在业务范围上，我们把自然人文景区、旅行服务、新型文旅融合业态都放在旅游发展集团，希望能够通过这个平台在行业创新领域做出新的引领性动作。

葛磊：感谢树民总，创新是我们今天旅游业面临的最大主题。其实我们今天开发的旅游资源，绝大多数已经不是一流的资源。刚才说到的沙坡头，不能说是中国最好的沙漠，但沙漠星星酒店却可以说是个一流的旅游产品。

所以，我们今天实际上面临的就是要用二流、三流、四流的旅游资源打造出一流的旅游产品，这个时候创造力、创意、创新就变得格外重要。但创新其实是高风险、低概率成功的事情。那么如何让创造性的思维跟目的地开发，包括产品开发更好地融合呢？目的地的创造性发展有哪些瓶颈，是否有突破的方案？先有请朱总。

朱文军：中国的旅游开发和保护一直是一对孪生兄弟，相辅相成。沙坡头景区发展这么多年来，有两个关键词。

第一，因地制宜。有沙漠的地方很多，有河流的地方更多，但是沙坡头为什么这么多年来从一个观光治沙的景点到现在的5A级旅游景区，关键是资源开发因地制宜。比如黄河，我们开发了乘坐羊皮筏子的黄河漂流、黄河滑索等。在沙漠里，我们开发了骑骆驼遨游沙海、沙漠冲浪车、激情滑沙等惊险刺激的项目。我们的黄河滑索，最初叫黄河飞索，后来我们改成飞黄腾达。为什么改名字？因为我们飞跃黄河到达腾格拉沙漠，结果游客趋之若鹜，都想乘坐黄河飞索，不仅体验瞬间飞跃黄河的快感，同时也是对美好生活的向往。所以，我觉得旅游资源的开发创新，也是基于旅游资源禀赋，以及一些特性，因地制宜地开发，所以，沙坡头旅游景区十多年前已经摆脱了门票经济，景区的二销项目占整个景区收入的75%以上。

第二，服务是旅游企业唯一的产品。产品是营销之根，好的产品会说话，自带流量、自带关注度，所以这么多年来针对产品开发，我们也是顺势而为。第一根据市场发展需求，第二根据游客的一些诉求。这么多年，在产品开发方面我们也有创新，比如说四三二一产品体系的建设："四"指的是四季，春夏秋冬，旅游有不可储存性，不同的季节有不同的体验，针对游客在春夏秋冬设计了四季的旅游产品；"三"指的是三种人群，儿童、中青年以及银发族都有专属产品，针对不同的客群设置不同的产品，也是一种产品创新；"二"是结合沙漠文化、黄河文化。现在沙坡头是一种复合式景区，有观光体验式的产品，也有休闲度假产品，针对不同的客群有不同的产品，不论是景区类还是度假类；"一"指的是全年一系列节庆活动，因为中国现在旅游本身就是价值经济，只有在小长假才有很多人出行，设计一年节事活动、自创活动增加游客体验度。这种情况下就实现了一年四季皆可游，就像企业家德鲁克说的，现代化的企业有两个功能，一是创新，二是营销。我们觉得产品的创新是旅游发展的一个内生驱动力。

葛磊：沙坡头一直给人的感觉，不光是个好看的地方，更是个好玩的地方。你到沙坡头来我有黄河飞索，我有皮筏子过黄河，我有沙漠冲浪车，然后我现在还有沙漠星星酒店，这是一个体验型的旅行地，体验的创新在不断推动目的地的发展。

朱文军：是的，是这样的。

葛磊：张总，请您来谈谈创造性发展。

张开梅：我觉得现在的观光型产品无法满足市场需求，但是现在产品同质化的问题比较突出，一个地方搞了一个什么项目，搞得很火，其他地方马上就上。

但是地方资源不一样，特色不一样。如何立足自己的资源实际，打造独特的IP非常重要。比如说，我们做多元化的跨界融合，做多元的产品，做民宿综合体等，就是特色。

创造性还是要立足于自己的资源，通过充分挖掘发展潜力，打造观光及休闲，形成一体化多元化网红旅游目的地。

葛磊：创造性发展，首先要知道我是谁，而不是漫无目的。它是根植在我们文化底色上的一种创造性发展。

孙健：创造性开发提升旅游目的地的品质，把普通目的地提升成一个高端目的地，改变和提升客群。第一，要更加年轻化，吸引年轻人来；第二，要吸引高净值、有消费实力的人群；第三，要打造品质感，让大家能够回头再来，要有回头客。

为了吸引这些客群，作为酒店集团，我们有专门的生活方式类的品牌来满足，特别适合一些旅游目的地的打造和提升。从我们最奢华的六善到金普顿，还有英迪格品牌。英迪格完全植入目的地的邻里文化。世界上没有两片相同的叶子，也没有两家相同的英迪格酒店。中国的第一家英迪格开在上海外滩，最早的英迪格度假酒店是从丽江开始的，在酒店设计中巧妙融入茶马古道、玉龙雪山，为年轻客人提供非常在地化的入住体验。英迪格也已落地迪庆香格里拉，我相信英迪格酒店可以吸引更多年轻人、高净值人群和回头客来到香格里拉世外桃源。我们在阳澄湖也开了一家英迪格酒店，在那里吃大闸蟹是非常不一样的感受。每家英迪格都很不一样，刚开的安吉英迪格酒店，它的邻里故事是一青一白一禅一宗师。一青就是安吉的竹子，一白就是白茶，一禅就是灵峰寺，一宗师就是吴昌硕，把安吉的元素融入到酒店的设计和服务中。这样的酒店可以提升旅游目的地的品质，可以把二流变一流，吸引更多年轻人，以及更多有品质、愿意重复消费的人群。

葛磊：张总，其实您刚才讲的华侨城旅游发展集团面临的是全国性、全品类的旅游资源的开发，您刚才已经讲了创新哲学，您准备如何践行这种目的地的创造性开发？

张树民：我一直觉得，认识很关键。所有的旅游从业者都应该牢牢树立一个认识，就是：旅游业这个行业的基因就是创新。持续创新这件事由不得我们犹豫，一是要吃这碗饭就必须创新，因为这么多年旅游需求始终都在变化，如果想满足消费者，就不得不创新；二是要能立足也必须创新，这个行业充满竞争，那么多的行业竞争者，大家又在互相比着，谁落后谁出局，也逼迫着我们不能不创新。

在创新方面，有几件事要做，并且要长期坚持：第一，要能聚焦领域。就像陈向宏一直做古镇，就不会去做主题公园，或者通吃别的领域。华侨城旅游发展集团是新公司，肯定也是要聚焦的，在宽泛的多元化业务里边，会筛选和聚焦几个产品类型先做起来。第二，要有底蕴支撑。企业没有好的创新文化是不可能有创新效果的。最好的创新文化是“守正创新”，不能忽然心血来潮感觉什么都行，也不能缩手缩脚感觉什么都不行，一定要知道自己是谁，在做什么，守的是什么，创的是什么，自己能力的边界是什么，明晰了这些，一个企业的创新氛围也就有了，而且能够长期坚持。第三，关键还是人的问题。一方面要有企业家的眼光，创新不是一件容易的事情，企业负责人要认同和重视创新的意义，并给予足够的资源倾斜；另一方面一定要有一个比较好的创新团队，在创新研发的过程中一定要保持敏锐性和韧劲；此外还要有容错、试错、改错的机制，在试错的过程中要能够迅速发现、及时总结、尽快修正、不断提升。

葛磊：谢谢树民总，也谢谢四位嘉宾。其实我们今天谈目的地发展，是站在一个新的历史阶段。中国式现代化提出了人口红利，我们最大的旅游市场支撑就来自14亿人民对美好生活的向往。我们今天的消费者不再只是从众而行。更多是从心而行，审美不同，他渴望的生活方式不同，兴趣也不同。旅游行业是人力密集型且人才稀缺性的行业。我们这个行业需要跨界的突破，也包括我们从业者自身的突破。如果你只是做旅行社的，只是做酒店的，可能你一辈子懂的只是旅行社和酒店，你懂的不是旅游业，所以我们渴望这样的融合，实现认知的突破，通过旅游行业跟其他各行各业的对话，真正将中国的旅游业推向新的发展阶段，展现出勃勃生机。

开篇语：

土楼升明月，天涯共此楼。永定把环兴楼搬到了《天涯明月刀》手游数字场景中，上线相关的主题剧情，让年轻受众了解“衣冠南渡，不忘中原；幽谷千花，藏书万卷”的客家文化。同时，焕新环兴楼，基于天涯明月刀IP，打造集“沉浸式导游”“互动式展览馆”“角色扮演实景剧本杀”于一体的沉浸式剧场、主题电竞酒店、主题华服国风旅拍等多种文旅项目，吸引更多游客畅游永定美景，饱览世界文化遗产土楼的建筑之美，感受乡村振兴之气象。通过这种数字和实体融合的方式，助力永定文旅经济提升，以国风文化助力文旅产业高质量发展。

永定土楼“天涯明月刀”乡村旅游国风电竞数字文旅体验项目

缘起永定，土楼焕新

永定土楼“天涯明月刀”乡村旅游国风电竞数字文旅体验项目是以腾讯旗下北极光工作室出品的“天涯明月刀”国风电竞IP为主题，结合客家文化和土楼建筑特色，加入电竞元素，布局沉浸式互动演出、剧本游戏等业态，进行数字化文创内容创作，是“土楼+电竞赛事+沉浸式体验+度假民宿”等多元沉浸式国风电竞体验的文旅项目。

项目总投资1.2亿元，主要包括天衣别院、沉浸式剧场、天衣华裳华服旅拍中心，以及华服国风和电竞主题民宿，并配套天涯钱庄、近水茶轩、郑谷楼等多元业态项目。项目从设计风格、剧本剧情、艺术表演等方面融入电竞、国风元素，同步将线上电竞玩家通过线下主题旅游活动、比赛竞技、音乐盛典、时尚特展等，融合乡村文化旅游的文创、商品销售，将游戏玩家从线上带入线下，增加5G+4K云技术，探索文化旅游界的“元宇宙”场景，实现线上、线下自由社交。

《天涯明月刀》游戏在用于表现电竞战斗体系的话本内容中结合了客家精神，是其有别于同类电竞馆的主要特色。通过线上游戏、线下体验的模式，弘扬崇尚华夏正统文化的客家文化中崇文重教、耕读传家、守望相助、崇尚节俭等精神，并结合时下最流行的国风文化，开展了瑞丽“潮聚东方·耀世风华——瑞丽永定客家土楼国风之夜”活动、瑞丽“首届全国服装模特职业技能竞赛暨第十七届瑞丽模特大赛总决赛”、《天涯明月刀》与瑞丽跨界联合举办的“创世之美青年设计师大赛”，以及《天涯明月刀》2022年贺岁片的拍摄，促使青年人进一步了解、喜爱中国传统文化。

一、项目背景

（一）以永定客家土楼为主体的福建土楼是中国古建筑的经典

永定土楼历史悠久、规模宏大、结构奇巧，被国内外专家学者誉为“世界独一无二神话般山区民居建筑”，是客家文化的象征。其中，最具典型性的圆楼有360座，形象而全面地展示了客家人的历史。

2008年7月，以永定客家土楼为主体的福建土楼入选世界文化遗产名录，成为继武夷山之后福建第二处世界遗产，成为福建文化典型代表。2011年8月，福建土楼永定景区荣膺国家5A级旅游景区。

土楼被誉为“没有大门的中国客家博物馆”。土楼的独特之处，正在于它是“活着”的世界遗产。在永定区内就有2.3万多座土楼，其中3层以上大型土楼近5000座。土楼里居住着数以万计的村民。永定23座世界遗产本体楼，每座都有村民居住，共居住1600多人。

近年来，永定区不断探索文旅融合新产品。按照“一楼一景致、一楼一特色、一楼一主题”的理念，实施“文化进土楼”工程，将不同的文化理念融入土楼，差异化开发富有客家土楼文化特色的系列旅游商品，促进了土楼和客家文化的保护与传承，提升土楼的文化内涵，为有千年历史的土楼增添了活力。

（二）沉浸式数字文旅体验项目是永定土楼新业态发展的拳头落地项目

文化和旅游部成立后，党中央提出“要推动文化产业与旅游、体育、信息、物流、建筑等产业融合发展”。文化旅游不是纯粹的文化产品、创意产品，而是一种特殊类型的旅游活动，是文化产业与旅游产业的融合体，是在结合两者的基础上开发出来的，集游览、娱乐、消费为一体的综合性经营产品。

随后，《关于进一步激发文化和旅游消费潜力的意见》（国办发〔2019〕41号）鼓励打造中小型、主题性、特色类的文化旅游演艺产品，促进演艺、娱乐、动漫、创意设计、网络文化、工艺美术等行业创新发展，引导文化和旅游场所增加参与式、体验式消费项目。

（三）电竞+文旅是推进文化旅游产业与电竞产业融合发展的新型模式

《福建省促进电竞产业发展行动方案（2021—2023年）》文件提出，为加快建设国家数字经济创新发展试验区，发展壮大电竞产业，加快构建电竞产业生态，培育经济发展新动能，鼓励开发一批体现福建特色、具有优秀文化内涵的电竞产品，搭建品牌化、专业化、多层次的电竞赛事体系，培育引进一批具有行业引领力的龙头电竞企业和战队，建成一批功能多样、设施健全的电竞场馆，布局一批业态集聚的电竞特色街区、园区、景区等产业功能载体。

2020年以来，文化和旅游部对口支援永定，提出“数字永定”发展方针，将通过10年的对口扶持，重点开展高质量融合电竞产业与文旅产业，创新拓展电竞＋文旅品牌项目。本项目是文旅部支援永定后引入的第一个电竞游戏项目。同时，永定区政府与腾讯公司达成数字生态共建计划，腾讯公司将投入价值1000万元资源促进永定电竞与文旅融合产业生态的形成。

永定土楼“天涯明月刀”沉浸式剧场电竞馆数字文旅体验项目

的建设，第一，可以培育自主IP赛事，支持举办主题化、品牌化的电竞系列赛事，融入客家文化、土楼文化等文化元素，休闲、娱乐等流行时尚元素，培育稳定的观众群体和独特的项目文化，搭建自主IP的品牌赛事体系，扩大本土赛事竞争力与影响力；第二，通过举办各种大型电竞赛事，促进电竞文化融入景区景点，在旅游景区内植入一批具有典型意义的电竞IP场景，积极举办电竞周、电竞展、电音节、动漫展、电竞峰会、电竞嘉年华等活动，推动电竞与旅游、会展、音乐、美食等产业融合发展，加强电竞城市氛围营造和城市文化塑造；第三，打造电竞特色街区，以营造电竞文化氛围为核心，集结线下实景、动漫发行、周边产品销售、特色美食、主题酒吧等多种业态，融合竞赛表演、娱乐购物、教育培训等电竞相关元素，开发电竞、文创、休闲、旅游消费等新场景，打造高品质、重体验、文化氛围浓厚、彰显永定土楼魅力的地标性电竞街区。

二、项目意义

项目所在的环兴楼已有500年的历史，紧挨福建土楼民俗文化村牌坊，但环兴楼并没有纳入到土楼保护范围内，保护与开发尚未进行。相比其他土楼，环兴楼更为沧桑与残缺，楼内的衰败之景也显而易见。楼内有一处缺口，是1853年太平天国运动败兵逃至此地后火烧土楼造成的，如不加以修缮，将对土楼的安全性和完整性构成威胁。

项目依照“修旧如旧，尊重原貌”的原则，在不改变建筑结构和布置的基础上，采用仿古材料，对环兴楼的内外立面、屋面、地面进行全面装修、提升。被火烧的缺口，建设成土楼观景台加以利用，保持土楼建筑的完整性，避免了土楼坍塌。项目的实施使环兴楼得到有效保护和开发并重，恢复如初。通过引入“天涯明月刀”国风电竞，进一步推动了世界文化遗产、5A级旅游景区福建土楼民俗文化村的数字旅游提档升级，更好地活化了土楼客家文化，挖掘了土楼故事。

三、服务特色

项目结合永定区乡村产业振兴和“东楼西湖北线”全域旅游产业的发展战略，采用全息投影、AR、VR等现代高新技术手段，通过动漫形象、创意理念、影视场景、特色商品、建筑景观及丰富演艺，以融入电竞游戏，加入音频视频、戏剧、游乐设施、装置性空间展览等生活体验，构建文化创意空间。永定土楼项目的建设以商业模式为主的沉浸式土楼剧场，提升福建土楼客家民俗文化旅游乡村夜间经济，形成新型世遗文化旅游“Z时代”体验区；融合电竞体育赛事，打造福建数字体育融合文化旅游应用场景，创建全国首家“元宇宙”土楼场景研发中心。2022年4月22日，永定土楼“天涯明月刀”乡村旅游国风电竞数字沉浸式文旅体验项目获得2022数字中国创新大赛“电竞＋”赛道二等奖。

四、企业介绍

福建客家文化旅游集团有限公司是龙岩市永定区大型的国有独资企业，主要经营文化旅游观光服务、休闲体验服务、文化旅游资源开发和景区建设等业务，拥有全区土楼旅游资源的独家开发经营权，目前开发了经营以列入《世界文化遗产名录》福建土楼“三群二楼”为核心、国家5A级旅游景区福建土楼永定景区为重点的四大土楼景区，拥有5座国保土楼和23座“世遗”本体楼的经营开发权。公司整合开发永定区客家土楼资源、龙湖生态资源、王寿山森林资源、红色旅游资源等，以文化旅游项目为重点建设项目，打造永定旅游多元化产业。

五、社会效益

（一）提升景区的知名度和美誉度

项目的建设，使湖坑镇增加了新的土楼旅游景点，增加人员往来，改善乡村环境面貌，有利于进一步提升湖坑镇的外部形象和知名度，可以带动周边土地的增值，具有后续追加投资与区域扩散效应的影响。通过项目区的集聚效应，吸引更多企业的入驻，将对湖坑镇乃至永定区的财政收入有积极的影响。项目的实施也提升了永定区的对外形象和知名度，优化了永定区投资环境，将推动永定区经济又好又快地发展。

（二）解决当地的就业压力

在当前就业严峻的形势下，项目在建设中需一定数量的建筑工人，为缓解农民工的就业问题做出了贡献。项目运营增加了就业岗位96人，预计可带动400人就业，实现约800人的城镇化，不仅解决了富余劳动力的就业问题，而且拉动了运输、服务等相关产业的发展，为所在地区居民开辟了致富的道路，使项目区及周边农民真正享有均等化的公共服务和社会保障服务，共享现代文明成果，实现城乡融合发展，构建和谐社会。

（三）改善居民生活质量

项目的实施会对改善项目区附近居民的生活质量和生活水平产生良好的引导作用。项目利用闲置的环兴楼，将游戏、文化和旅游融合，开发文化旅游项目，引入商业相关业态，让当地居民享受更多的城市商业便利，提升居民生活的幸福指数。

（四）加快乡村振兴建设

环兴楼紧挨洪坑民俗文化村牌坊，500年未曾修缮，略显破旧，与民俗文化村旅游行业发展不相适应。电竞场馆的建设对环兴楼内外立面进行“修旧如旧”装修，恢复环兴楼的本来面貌，同时还对周边进行整理，提升民俗文化村的整体环境，改善旅游景区的面貌。项目还将现居住在环兴楼内的居民进行搬迁安置，加快了乡村城市化的进程。

（五）加快电竞人才培养

为保证电竞各项工作的正常运转，电竞场馆建设过程中积极引进电竞软件研发、赛事执行及活动运营人才，加快引进高层次电竞人才。福建各大高校在“电子竞技专业”上下功夫，开设电竞相关的产业管理、运营策划、社会学、经济学、心理学等课程，培养电子竞技管理、游戏策划等方面的人才。同时项目推进了电竞人才的培养，通过开展形式丰富的电竞培训活动，“电竞＋教育”的融合模式，更好地提升了电竞工作者素质素养。

（六）推动电竞产业集聚区建设

永定土楼“天涯明月刀”沉浸式剧场电竞馆数字文旅体验项目的建设，将推动福建电竞产业集聚建设。依托电竞馆的资源优势，重点发展电竞软件产品研发、游戏产品发行、电竞文创、硬件设备研发制造、电竞产业孵化园区；同时，不断丰富电竞运营、电竞赛事、电竞教育、电竞会展、电竞旅游等业态，形成电竞产业多层次特色化格局。

（七）营造电竞氛围

电竞馆是以电竞为载体的依托，建立一个社交娱乐商务的平台，在电竞馆里进行多业态的植入，打造IP。电竞场馆建设，一方面汇集了全国电子竞技和游戏软硬件开发商、电竞泛娱乐行业重要企业，对打造完整的泛娱乐电竞生态圈有着领头羊的作用；另一方面还可联系电竞产业上下游，包括开发电竞影视、文学、动漫等衍生产品，拓展电竞赛事内容传播渠道，带动电竞资讯、电竞直播、电竞经纪、电竞装备等周边产业发展，延长电竞产业消费链条，构建资源要素集聚、基础设施完善、营商环境良好的电竞产业生态圈。近年来，《和平精英》《王者荣耀》等大型电竞赛事纷纷落户永定。

开篇语：

中国旅游集团旗下的沙坡头沙漠星星酒店是宁夏“星星的故乡”品牌IP下首个投运的景区复合型休闲度假产品，地处腾格里沙漠深处，位于宁夏沙坡头旅游景区内。通过运营实践，酒店总结提炼出了以“脚踏实地、仰望星空”为品牌核心的价值观，结合景区的中国沙漠生态旅游开拓者和领航者的企业使命，为实现沙坡头“国际化沙漠旅游度假目的地”的目标和中华民族的“中国梦”而努力奋斗。

沙漠星星酒店

开启国内星空度假的旅行新方式

中国旅游集团旗下的沙坡头沙漠星星酒店是宁夏“星星的故乡”品牌IP下首个投运的景区复合型休闲度假产品，地处腾格里沙漠深处，位于宁夏沙坡头旅游景区内，酒店通过“沙漠、星空、禅意”的产品设计元素和营销运营，开启了国内星空度假的旅行新方式。酒店整体建筑风格具有宏观的视觉冲击力，设计以星空理念为着力点，以“对美好生活的向往”和“仰望星空、脚踏实地”的奋斗号召为指引，大胆设计，细心规划建设，将“五角星”形态在腾格里（长生天）沙漠中展现出来，继承了“星星之火，可以燎原”的新时代红色精神，其产品本身的创意亦成为迅速打开市场大门的“金钥匙”。

自酒店投入运营以来，先后荣获了“中国最佳旅游规划设计奖”“中国酒店星光奖”“亚洲最佳旅游度假酒店”等奖项殊荣，市场上一房难求、反响强烈，迅速成为亚太地区知名的网红酒店和宁夏“星星的故乡”品牌明信片。自开业运营以来，酒店先后承办了万宝龙、梵克雅宝、兰博基尼等国内外高端品牌发布会展活动，通过品牌跨界合作，开启了酒店跨界营销的新篇章，使酒店在短期内迅速获得品牌提升和延伸推广。

在主题理念的引领下，酒店设置了星座类主题客房、AB区更多丰富的差异化自助餐饮、更丰富的主题文化活动，将“脚踏实地、仰望星空”的品牌价值观以顾客体验的形式传递给更多的客人，增强品牌认同感，让每一位客人都能留下深刻的回忆，种下了“仰望星空”的种子。

贺兰山上，黄河两岸，长城内外，沙海大漠，都可以仰望星空，星空旅行成为宁夏全域旅游的新亮点。从“沙与海的对话”到“星与心的对话”，中国旅游集团旗下的沙坡头旅游景区作为宁夏旅游龙头企业紧跟时代发展步伐，顺势而为，创新突破，打造了沙漠中最亮的星——沙漠星星酒店。

一、从观光体验到星空度假转变

沙坡头古称“万斛堆”“沙陀头”，位于中卫市城西腾格里沙漠的东南端头，意为“沙之尽头、生命源头”。很多游客因为沙坡头景区慕名而来，到了才知道，其实沙坡头最初是因为一条铁路的修建而闻名世界的。包兰铁路是中国第一条沙漠铁路，1954年修建，1958年通车。为了确保包兰铁路畅通无阻，几代治沙人在沙坡头创造性地发明了以“麦草方格”为核心的五带一体治沙体系，实现了人进沙退的伟大壮举，最终荣获了“国家科技进步特等奖”，全世界先后有60多个国家和地区的专家学者来到沙坡头考察治沙成果。

自1984年沙坡头成为旅游区以来，沙坡头旅游实现了从治沙观光到沙漠体验的转变。目前，沙坡头围绕黄河、沙漠、绿洲等特色资源，开发了黄河漂流、黄河飞索、黄河宿集、黄河3D玻璃桥等黄河系列主题产品；开发了激情滑沙、沙海冲浪、沙漠乘驼等沙漠系列主题产品；打造了沙坡头盛典、晨钟暮鼓、星空讲座等文旅融合产品；举办了沙漠音乐节、沙漠拉力赛等赛事活动，先后荣获“国家首批5A级旅游景区”“全国旅游服务质量标杆单位”“中国十大最好玩的地方”等殊荣。

随着我国国民旅游需求从传统观光型向体验互动型的转变，沙坡头景区也从简单的沙漠项目观光向沙漠休闲度假转变，为游客提供更加方便、更高品质、更多体验的新产品和新服务。沙坡头景区以“心灵度假”概念为着力点，打造沙漠星空休闲度假产品，满足中高端消费群体的“康养需求”。通过沙漠星星酒店项目加快推进文旅融合高质量发展和景区转型升级，夯实宁夏“星星的故乡”旅游载体，秉持“崇尚自然，以爱为本”的发展理念，建立了独具特色的“1235”服务模式，即“1个目标”，让游客从满意到感动；

“2个100%”，游客投诉100%受理，100%满意；“3个8分钟”，投诉受理时间不超过8分钟，应急处置到位不超过8分钟，垃圾落地时间不超过8分钟。5是五员文化：安全员、保洁员、服务员、救护员、宣传员。沙坡头景区通过骆驼和羊皮筏子造型垃圾桶、骆驼文创产品开发等方式，丰富景区文化建设，将黄河文化、治沙精神、大漠文化、星空文化融于一体，为游客打造“躺在床上数星星”的全新旅行生活方式。

二、沙漠星空度假新理念

（一）沙漠星理念

沙漠星星酒店坐落于腾格里沙漠之中，全年晴好天气达300天，无论是从天文经纬、海拔条件，还是从空气质量与气候环境，都可以称得上是中国最佳的观星地点。“春看狮子座，夏观银河，秋寻仙女座，冬追猎户座”，一年四季能领略不同的浩瀚星辰。沙漠星星酒店以五角星形状规划设计，并配合五角星的特点，利用沙漠中星光的主题，将建筑特性引入室内，以沙坡头民族草编作为室内点缀，交织光影效果，同时将沙漠中的自然层次色系植入设计灵感，把沙漠不同时段的美态结合空间色彩运用到酒店的整体设计当中，将地域特色、智慧旅游与时代需要相结合。

目前，沙漠星星酒店的“沙漠星理念”已先后荣获“2020年度中国酒店星光奖”、艾蒂亚“中国旅游最佳规划设计奖”、线上OTA平台的“明星商家”等殊荣。

（二）沙漠星服务

沙漠星星酒店建筑面积1.5万平方米，客房200间。主要设施有星旅之家、沙景房、星空房、独栋木屋等特色客房，配套建设沙疗康养中心、星空剧场、观星谷、360°全景餐厅、室外星光泳池等功能设施，配以沙漠越野车专车接送、星空讲座、特色下午茶、沙漠小火锅、沙漠野奢烛光晚餐等特色服务，为游客提供“住星星酒店、品星空晚餐、看星空演艺、听星空讲座、赏大漠星辰、悟星空之道”的星空旅游深度体验系列产品。沙漠星星酒店在社会各界引发了星旅热潮，得到市场认可和游客喜爱，成了小有名气的“网红酒店”，让游客真正实现了“到宁夏，给心灵放个假”的美好梦想。

在“脚踏实地、仰望星空”的理念指导下，酒店服务内容整体以星空主题为产品核心，打造了“沙漠研究所、快乐博物馆、沙漠轻运动和星迹漫游”四大类主题活动，其中“沙漠徒步＋研学”、“梦想家”木版画、室内天文课堂+室外观星讲座等活动受到客人的广泛好评和认同，其活动类好评占到酒店总评论数的70%以上，成为酒店体验内容名副其实的“加分项”。

在餐饮方面，酒店在丰富自助餐基础上，创造性地打造了沙漠小火锅，也被称为“不忘初心”小火锅。在菜品搭配上，除了提供本地的优质牛羊肉之外，还有来自井冈山的菌菇、来自宝塔山的米糊和六盘山的红军粉，都是长征路上的珍贵回忆，具有健康、营养价值高的特点，加上火锅更强的包容性和食用率高、浪费少的特点，引领顾客重温长征路上的回忆，继承和发扬了“忆苦思甜、不忘初心”红色精神。

在对客服务中，酒店要求以安全高效为中心，时刻保持微笑、时刻招手问候、时刻温暖沟通。除此之外，还有一种口号“客人想上天，我们就为客人寻找最近的卫星发射基地”，力求达到“沙漠般的热情、星空般的笑脸”的整体呈现，实现全心全意为顾客服务的宗旨。

此外，品牌孵化人才队伍是关键。沙漠星星酒店培养了一批“脚踏实地”的实干者和“仰望星空”的实践者，锻造一支打不散、揉不烂的稳定的经营团队，团队既要弘扬骆驼精神，还要志存高远抱负，真正培养一批留得住、用得好、学得快、接地气的品牌核心人才。

（三）沙漠星品牌

在营销方面，沙漠星星酒店把握时代机遇，立足于产品设计与开发，建设企业全媒介的战略资本，掌握了沙漠星星酒店营销工作的制胜法宝：既要有宏观思维，又需要实效策略，与平台共成长，与时代共进步。沙漠星星酒店与流星雨等重要天象活动结合，通过参与平台时尚玩法、广泛开展奖项营销、争取综艺拍摄、拓展品牌联动等方式，打造了星空画展、星座占卜等主题文化活动。在流星雨活动中，星星酒店还为客人准备了“天外来物”陨石作为伴手礼，最终实现“四两拨千斤”的营销效果。

在运营过程中，酒店通过《妻子的浪漫旅行》《哎呀好身材》

等综艺娱乐节目，扩大了酒店在市场中的影响力。沙漠星星酒店同时通过举办“黄河数字音乐节”“星空朗读”等大型活动，逐步强化沙漠星星酒店在沙漠度假市场中的品牌IP。

（四）沙漠星征程

理想，须仰望星空，使其高远；理想，须脚踏实地，使之实现。沙漠星星酒店将在坚守生态红线的基础上，大力发展以星空为主题的旅游休闲度假产品，围绕“星星酒店”品牌IP，通过沙漠之城、时空之门、沙漠博物馆等项目，丰富沙漠星星酒店业态；通过“星空+研学”“星空+影视”“星空+美食”等方式，发挥“旅游+服务”的效应，用“星空”照亮“夜经济”的天空，为拓展文旅消费新热点做出持续贡献，实现沙坡头景区“一年四季皆能游”“白天夜晚皆可游”的目标，争取把沙坡头景区建设成国内沙漠度假旅游的标杆，建成黄河流域生态保护和高质量发展先行区的示范企业。

中国旅游集团旗下的沙坡头景区从无到有、从弱到强，总是在不停地创新、进取、突破。今后，中国旅游集团将不忘旅游人的初心，牢记旅游人的使命，全力以赴提升服务品质，加快建设世界一流旅游集团。

专家访谈（三）

旅游演艺如何持续创新发展

开篇语：

在文旅融合背景下，旅游演艺如火如荼，几乎成了各大主流景区旅游目的地标配。如何挖掘优秀传统文化的丰富内涵，做到创造性转化、创新性发展，大型红色舞台剧《重庆·1949》、大型实景历史舞剧《长恨歌》给出了答案。

主持人：

张凌云　北京联合大学特聘教授，《旅游学刊》执行主编

嘉宾：

魏小安　中国旅游协会休闲度假分会会长，世界旅游城市联合会首席专家，全国休闲标准化技术委员会副主任

张小可　陕西旅游集团有限公司原董事长，中国社会科学院旅游研究中心特约研究员，全国休闲标准化技术委员会委员，中国旅游景区协会专家委员会常务副主任委员

案例代表：

魏　寅　陕西华清宫文化旅游有限公司总经理助理

黄　科　重庆一九四九演艺文化有限公司总经理

张凌云： 这场专家访谈有两位重量级大咖，被称为国家旅游业的拓荒者。一位是魏小安先生，曾任国家旅游局旅行社饭店管理司司长、政策法规司司长、规划发展与财务司司长。他当时从宏观管理角度敏锐地意识到标准化对于行业发展的引领和指导作用。现在，他出任中国旅游协会休闲度假分会会长，同样非常重视标准化工作的引领作用。早在2016年，全国休闲标准化技术委员会就组织起草、发布了《实景演出服务规范》，并于2017年3月1日正式实施。这个标准总共有3个部分。下面请魏小安先生谈一谈，这些标准对旅游实景演出业发展的作用。

魏小安： 14年以前我们就在想一件事：组建一个全国休闲标准化技术委员会。在这之前有一个全国旅游标准化技术委员会，我是首任主任。我们重打锣鼓另开张，可是当时大家就看不懂这个事。第一，到底什么是休闲？第二，有人说休闲品类又乱又杂，还需要标准吗？也有人说休闲领域又泛又多，怎么制订标准？

其实，这就是一步一步摸索的过程。当时，张小可提议，是不是可以制订一个实景演出服务的标准？我们一起反复研究，觉得可以做。什么叫标准？对重复性事物的规定就是标准。所以只要有重复性的事物就可以制订标准。于是，我们不但做了一个标准，还做了一个标准体系。三个标准在一起构建了一个体系，华清宫就是试点。这些工作确实很不容易，之后华清宫还特意成立了一个户外演艺标准的培训基地。我们不但认为实景演出服务需要标准，而且制订了标准，最终还要推广标准。

当然，这里面涉及另外一个问题，也是这么多年大家经常问到的问题：如果我们强调标准化，那如何保持个性化？实际上，标准是底线，个性求高线，创意是无限。但是因为我们在工作操作中经常把标准当成高线，大家总认为符合标准就到高线了，达到高线了，其他的个性创意就都没有了，这是一个严重的误区。所以我更欣赏大家在标准之上的个性和创意。

张凌云：现在常用的旅游标准里面最重要的两个标准，一个是星级饭店，一个是A级旅游景区，当时都是在魏小安先生的指导下制订的。

魏小安：在国家旅游局工作的时候，我们大概做了20个标准，有国家标准，也有行业标准。在组建休闲标委会之后，我们在14年里做了25个国家标准。

张凌云：其实，旅游是有行业的，休闲是没有行业的，所以休闲领域编制国家标准难度比较大。现在旅游行业要做国标的立项都比较难，大部分都是行业标准，所以休闲领域的国家标准起点就非常高。

张小可先生也是行业的拓荒者。他之前在陕西国旅分社当老总，当时做的很多事情现在看来是非常超前的，很多现在所谓的新业态——文旅融合，实际上当年他们都已经做过了，只不过目标客群是入境游客。20世纪80年代，他就开始尝试做《唐乐宫》，当时很轰动，成为西安的一张名片。后来又做了《长恨歌》、《延安保育院》、《12·12》西安事变、《重庆·1949》等，一路走来非常不容易，也有很多心得。对于国内旅游需求越来越多样化的今天，张小可先生对旅游演艺如何持续创新发展，有什么心得和大家分享一下？

张小可：我特别赞同魏小安先生的讲话，标准是一个行业、一个产品的最低标准，是必须做到的。其实刚制订《实景演艺服务规范》时，我们还沾沾自喜，做了国家第一个实景演出服务的国家标准。但是14年过去了，还有第二个第三个……第二十个第三十个标准吗？没有。其实国家标准在制订过程中不断往前走，不是有一个案例就完成了，有了一个标准就希望在这个行业发展过程中有更多地符合这样标准的产品出台。

中国旅游演艺和旅游发展同步走了46年，主要有两个发展阶段，第一个阶段是1978—2000年，第二个阶段是2001年至今。第一阶段，中国旅游演艺主要以国际旅游为主，主要是为了满足外国游客来中国旅游的夜间文化生活的需求，以及作为城市文化的代表项目推出。旅游演艺舞台上呈现的产品很少，需求大于供给。以西安为例，当时几乎所有的游客都投诉：到西安来旅游，白天看庙晚上睡觉，基本上看的都是从秦朝开始到唐朝的坟堆儿。所以，他们说来陕西旅游听起来气象万千，看上去黄土一片。1988年推出的

《唐乐宫》，号称是中国第一个剧院式餐厅，或者说中国第一个红磨坊，至今已累计演出13000多场。做成一件事的时候，就希望它能够成为百年老店，我们希望包括《唐乐宫》在内的这些产品，一经完成就朝百年老店的目标去走。红磨坊的老板来看《唐乐宫》的时候一脸傲气，问我："你知道红磨坊吗？"我说知道，世界旅游演艺的鼻祖。他说："红磨坊已经演了100多年，在100多年的过程中只停演了一晚，就是'二战'期间德军长驱直入巴黎的那一天，第二天晚上演出照常进行。"做一个旅游演艺产品，真的要有一个打造百年老店的精神，才能持续做下去。我们希望朝着这条路往前走，所以我在西安国旅做总经理，在陕旅做董事长的时候，在推进全面的企业经营的同时，也着力去关注和推动了几个旅游演艺项目的发展。

第一阶段主要满足外国及中国港澳台旅游者的需要。华侨城实际上就是最好、最早为满足从香港入境的游客的需求而建了主题公园。1989年的锦绣中华、1992年的民俗村、1994年的世界之窗，真的是开了先河。1999年，我国开始实行黄金周，国人终于有时间外出旅游。黄金周的政策推出还是魏小安先生在国家旅游局任职时大力促成的。

从那时候到现在，是中国旅游的第二个阶段，基本上是国内旅游不断发展、迅速成熟的一个过程。旅游演艺则是一路伴随着中国旅游的发展，充分体现着旅游产品的不断创新。

中国旅游演艺的第一个阶段在北京、西安、上海。北京就是京剧，看懂看不懂的都看。西安打造了《唐乐宫》，上海则是杂技。后来京剧慢慢边缘化，到北京也不看京剧，到上海也不看杂技，那看什么呢？好在国内旅游发展之后，旅游演艺产品如雨后春笋，从无到有，从少到多。截至目前，中国旅游演艺产品无论是实景的还是剧场的，全国能够数得上来的也就是200多台，且绝大多数产品都不挣钱。我们得认真研究为什么要做？为什么不赚钱？50%以上的旅游演艺产品的年收入达不到2000万元，两年之内就被淘汰了，但是投资的规模越来越大，从几千万元到几亿甚至几十亿元。

回顾过去几十年旅游演艺的发展，我们最需要做的是什么？第一，全面审视和检查现在旅游市场上的旅游演艺产品合格不合格，合适不合适，是否合乎市场需求。我觉得，中国旅游的演艺产品已经全面进入必须高质量发展的历史时期。现在中国人对旅游产品的需求，对出行目的地和产品的挑剔绝不是10年前，更不是20年前的样子，但是我们这些旅游从业者并没有满足国人的旅游需求。你看游客投诉的内容，基本上都是在抱怨旅游演艺产品同质化，走到哪儿看到的都差不多。我们一定要注意整体品质的提升。现在市场上旅游演艺产品的品质参差不齐，好的不多。当然这里面的原因很多，重要的是接下来应该怎么办。其实，提出演艺产品的标准化已经到了时候。如果早十几年提出这个标准化，大家可能还没有这样一个认识。一个产品的标准其实是这个产品的最低标准，是必须实现的，必须用标准来保证我们旅游演艺的基本品质、基本质量。

在我看来，中国旅游演艺服务再往前发展，再创造新的演艺产品的时候，投资人要十分关注为什么要做这个项目。一个投资人下决心投资时，有可能因为有热情、有激情，也有可能是被逼无奈。但是在做之前一定要想清楚几个问题：第一，你要做什么？第二，你为什么要做？第三，你是为谁打造的？第四，你准备让谁来做？第五，在哪儿做？第六，准备花多少钱？

现在旅游产品在高品质发展阶段有一个很重要的标志——引领消费者去欣赏有艺术性的娱乐产品。过去一说旅游演艺就是娱乐，但是专业的文化演艺部门根本看不上你，你就不在这个系列里，那我们要朝哪儿走呢？要朝着更有文化、更有艺术水准的路子走。但是我们不是阳春白雪，而是要摸索着走出一条阳春白雪和下里巴人结合的路，引导消费者去欣赏文化，引导消费者在观赏演艺的过程中去了解文化、了解历史，提高国人的文化素养，提高对文化舞台的艺术鉴赏能力，这可能是未来旅游演艺绕不过去的问题。

如果还在简单地重复过去的动作，就一定失败。我建议，大家都全面地重新审视现有的产品，看看有多少符合标准，看看有多少需要提升的空间，再谨慎地想想，下一步的旅游演艺产品应该朝着什么方向走，应该怎么去做。好案例的推荐非常好，但是好案例是很难学到的。任何一个成功的好案例，背后的艰辛、困难、付出都是不一样的。每一个好案例一定有自身成功的理由，而那些理由和条件你未必有，所以你要学好案例背后的精神。在旅游产品创新发展过程中，是否可以在推荐几个好案例的同时，再公布几个失败的案例？如果那些失败的案例能够有勇气站在这里，告诉大家为什么失败了，可能对大家更有借鉴意义，让每一个企业能谨慎地规避这些错误，绕开那个坑，这可能对旅游行业某一个业务板块的发展贡献更大。

魏小安：张小可先生提的这个建议虽然很好，但恐怕是难以做到的。有一次，召开全国旅游投资计划规划工作会议，我要求每个省带一个失败案例过来，结果没有一个省执行了。各省的说法是，你让我们带好的案例没问题，失败案例怎么推？我想想也是。一旦推出来，它就必死无疑了，除非做一个起死回生的案例汇总，那是可以的。

张小可：但是真的很需要。从别人的失败中充分地吸取教训，不要再犯别人的错误，自己成功的路径可能更快捷一些。我记得十几年前就和小安探讨成立中国旅游品质研究院，那个时候说的品质问题就是今天讲的质量问题。其实，段强会长很早就提出了“中国服务”的概念。当时我们就提出来，“中国服务”可以每年发布一次，就发布最差的。每年公布最差是多少，十个最差是什么，为什么。

张凌云：张小可先生和我们分享了他对旅游演艺可持续发展的心得，提出了一些问题，我也很有感触。从研究的角度来讲，让地方推荐有难度，确实是非常有用的。专业艺术团队的演艺和我们旅游演艺有什么区别？区别在哪里？专业艺术团队跨界旅游行业，可能会忽略旅游行业的特点、特性。尤其您的六问，把准备花多少钱放在最后。现在很多投资人财大气粗，上来就准备投多少个亿，请的团队也都是顶尖的，但最后都失败了。失败的原因很多是因为不尊重旅游演艺的内在规律。其实，旅游演艺不光是旅游演艺本身，对旅游目的地、对旅游景区的发展或者品质提升都具有重大意义。外地游客在当地夜经济的消费，意味着会延长逗留时间，延长人均花费，这一点非常重要。原国家旅游局以前还专门设有城市夜生活指导处，就是因为当年白天看庙、晚上睡觉，晚上没什么活动。对于国内游客来说，旅游目的地晚上没活动，就转道回去了；如果晚上活动很丰富的话，他就多住一天。这样就能提高酒店入住率，带动土特产的销售。因为住下来了，就有时间购物了，这是一个产业链。所以从这个意义上讲，我们要特别重视旅游演艺和旅游之间的关系。

华清池的《长恨歌》荣获了本届"中国服务"·旅游产品创意案例的推介。华清宫是西安著名旅游景区，有许多历史故事，《长恨歌》是依托华清宫文化IP打造的旅游演艺节目。《长恨歌》的创新之处在于做到了全季运营，这个非常不容易。搞旅游的都知道，北方地区最头疼的就是淡季太长，能赚钱的旺季太短，对旅游行业的经营、运维、培训都带来了很大的影响。《长恨歌》用旅游演艺带火冬季旅游，将不可能变成可能，给冬季旅游赋予新的内涵，重新定义冬季旅游。我想问问魏寅先生，《长恨歌》是如何打破长期以来我们固有的思维惯性的呢?

魏寅：很荣幸能在这个舞台上跟大家分享冬季版冰火《长恨

歌》的一些心得。正如张凌云老师刚刚说的，北方的旅游景区淡旺季非常明显，特别是旅游演艺受到气候以及市场因素的制约，经常会强制休眠，在疫情期间更是如此。《长恨歌》的常规演出季也经常会被缩水和打断，所以为了拓展北方冬季演艺新的市场格局，陕旅集团和华清宫的领导决定探索一条北方实景演艺新的发展途径、新的蓝海。我们经过研究发现，冬季要把演艺开起来面临三个困难：

一是舞台机械设备的结冰问题。《长恨歌》是在九龙湖演出的。水是《长恨歌》需要大量使用的背景。《长恨歌》有一个优势——华清宫有温泉。所以我们把温泉引入九龙湖中，让温泉水循环起来，保证水的温度在0℃以上，有效解决了舞台机械设备结冰的问题。《长恨歌》的舞台是特制的，舞台上面加装了特制的防滑设施，能保证演员在舞台上的正常表演，这是第一个难点。

二是冬季游客在观演的过程中如何保暖。我们做了三项工作：第一项是在常规的硬质座椅上增加了棉垫，第二项是在座椅区域增加暖风设备，第三项是在座椅后背区增加了石墨烯的取暖设备。即使气温在0℃以下，也能保证游客观演的舒适性。

三是如何解决演员保暖的问题。演员如果穿常规的演出服饰，会非常冷。我们原来尝试演员在演出服内穿潜水服，但是后来在实践中发现潜水服不透气，还会制约舞蹈演员在舞台上做大张力的舞蹈动作。现在，演员会先穿特制的保暖内衣，再穿肉色的内衣，最后再套常规的特制演出服，这样既保证了舞蹈舞美效果，也不会影响演员的舞蹈动作。

2021年12月3日，冰火《长恨歌》首演。在首演的那几天，基本上每天的上座率接近1000人，也基本保证了舞台的收益。但是遗憾的是，当时只演了8天，西安就因为疫情静态管理了，第一个演出季被迫中断。第二个演出季是在2022年12月9日，文旅部发布了放开跨省旅游的经营业态，《长恨歌》在12月10日打响全国文旅第一枪，当天就开始演出。演了一段时间以后，演员纷纷出现阳性的症状，我们不得不中断演出。但是12月底，我们很快重启了《长恨歌》的演出。这其实也是体现我们《长恨歌》艺术团，包括华清宫领导的勇气和担当。2023年元旦当天，《长恨歌》双场演出，座位3000人，每一场的上座率超过2950人，基本上是满座的。春节期间我们开启了三场模式，大年三十停演，初一双场全满，从初二就开始三场演出模式，初二到初六每场的上座率超过2950人，于是初十、十五乃至整个二月我们又改成三场演出。2023年年初《长恨歌》的演出持续了58天，直到2月底，一共演出了130余场，接待观众接近30万人次，收益接近7000万元，利润超过5000万元，而且我们平均上座率超过2450人，超过了2019年旺季的《长恨歌》。2023年12月，如果再演一个月，冰火《长恨歌》营业收入将突破一个亿，利润将突破7000万元。

冬季版的《长恨歌》为什么叫冰火《长恨歌》？实际上是为了区别于《长恨歌》的夏季演出，增加了冰火效果。冰效是通过舞美和机械装置营造了寒冰倒挂、双雪铺尘的冰雪场景。火效是通过先进的火控设备，增加火把、火球和火海。这种冬季冰火的效果，使得冰火《长恨歌》有了强烈的视觉冲击，给观众们带来了耳目一新的视觉效果。

魏小安： 姚新垣姚总对冰火《长恨歌》的评价就一个字：好！我说怎么个好法，他说开了个新局面。我就问这事难在哪里？他说最大的难题就是演员。演员太苦了，有时候能冻得哇哇哭，但即使是这样，大家也得挺下来。怎么挺？第一，领导带头。领导班子在现场，谁也不允许戴帽子，谁也不允许戴手套。第二，酬劳加倍甚至加两倍。没有这样的正向激励，演员为什么这么努力？所以说，任何成功的背后都有巨大的代价，只不过看代价由谁承担。

华清宫是全国单位面积最小的景区，面积就这么小，收成却是满满。

张凌云： 我们讨论的是怎么可持续发展，经济可持续是一个重要指标，包括其他的还有社会可持续和生态可持续。下面请黄总分享她的观点。《重庆·1949》也荣获了本届“中国服务”的十大案例推介。《重庆·1949》是以渣滓洞、白公馆等红色旅游景区为背景创作的具有现代主义风格的舞台剧。旅游演艺的主要受众是来自景区旅游的大众游客，游客的客群构成多元，年龄也多元。和观众专门买票去看某个剧不同，游客本来是来景区游玩的，对旅游演艺项目的要求是不一样的。这也是专业表演团队的剧场演出和我们旅游演艺最显著的区别，尤其是红色旅游景区，更要注重思想性和艺术性的统一，既不能简单说教，又不能过度地娱乐化。《重庆·1949》是怎么做到两者的统一呢？黄总在文旅融合方面有什么经验可供大家分享一下呢？

黄科： 正如您刚才所言，《重庆·1949》的客群结构比较多元化，地域、年龄、身份以及职业均不同。我们的项目既有旅游客群，也有很多本地的党建、团建、机关企事业单位的客群，还有红培和研学方面的客群。从整个项目定位策划初期，到制作、运营管理落地，我们一直在反复思考，如何把红色文化和艺术、旅游、市场相融合。我们采用怎样的形式讲好红色题材故事？过程当中的一些大胆尝试在这里也跟大家分享一下。

第一，剧场设计创新。承载这台演出的重庆1949大剧院，是国内唯一把剧名作为剧场命名的剧院。2.5万平方米的剧场其实是舞台设计在前，剧场设计在后。从剧场的外形、空间、布局以及功能，完全是以舞台为基础进行的延展设计。这样就在最大程度上让剧场可以服务于舞台、服务于演出。当然，整个剧场设计也是非常新颖的，还获得了国际建筑设计金奖“缪斯设计奖”。

第二，舞台设计创新。旅游演艺的属性是旅游在前，这表明受众群体里追求新奇刺激震撼的观感体验的需求是永远不会过时的。在舞台设计方面，我们用了5个可以同时360°旋转的环形舞台，其中三个在表演区，另外两个既是观众席，也是舞美布景区。通过五个环型360°旋转舞台的设计，打破了常规平面舞台的概念，大大增加了观众沉浸式的体验感以及近距离观剧的氛围感。观众会感觉舞台在旋转、观众席在旋转、天上的灯环在旋转、周边的舞美在旋转，由此带来的整个视觉冲击力以及身心的体验感是完全不同的。这种旋转是整个舞台设计的神来之笔，它可以让静止的历史转动起来，把这台剧一步一步地推向高潮。除此之外，舞台设计方面还配置了非常复杂并且体量庞大的机械设置，包括非常多的声光电多媒体以及舞美方面的应用。我们在用现代的手法、技术的手法、科技的手法、艺术的手法诠释1949年发生在重庆解放前后那一段非常悲壮的历史。这种体验感对于观众而言是非常新奇的，也就很大程度上奠定了观众对于我们的第一印象以及对于品牌的认可。

第三，艺术表现创新。很多人对红色题材演艺的第一反应是刻板严肃，但是《重庆·1949》一定会打破人们的固有思维。因为我们的表现形式结合了歌剧、舞剧、话剧多种舞台艺术表现形式，再有旋转舞台配合，观众既可以体验到科技力量的震撼，也可以欣赏艺术的美感。这一点符合当下很多年轻人的审美取向和消费需求。《重庆·1949》的观众80%以上来自35岁以下的中青年以及青少年群体。这样的观众群体可以支撑我们剧场长久运营，是剧场具备持久生命力的基础。

第四，剧情创新。这部剧是以红岩故事以及重庆解放前后为背景，在75分钟之内浓缩出的一个完整的故事。整个故事里有非常多的感情方面的线索，包括兄弟之间的家国情，母子之间的母子亲情，地下党员之间的革命爱情，也有战友之间的袍泽之情。通过这些感情线索塑造起来的人物形象非常立体而且真实。整个剧情虽有艺术美化成分，但同时还原了很多真实场景。剧情里有一个绣红旗的片段，就是曾经在白公馆真实发生过的。

张凌云： 由于时间关系，《重庆·1949》的故事情节就不在这里展开了。

魏小安： 我补充一句，很多年前张小可就曾说过：政治上立得住，艺术上叫得响，市场上打得开，这就是《重庆·1949》。

黄科： 是的，小安老师的总结非常到位。

张凌云： 最后请每位嘉宾总结一下：旅游演艺怎样才能可持续地创新发展？

魏小安： 市场是立体的，是分层次的。我们为什么都求创新？只要能卖出去票，有人演出，没人找麻烦，就能走下去。什么都追求创新，我觉得这个思路是不对的。

张小可： 未来非常长的时间，狠抓旅游演艺的质量，它才能长期发展下去。《重庆·1949》大概是中国旅游演艺这一支队伍中最年轻的，刚刚运营一年半，但是取得的成绩是有目共睹的。除了刚才讲的硬件条件，其实还因为有一支非常好的演员队伍。一年多能够持续下来得到观众充分认可，是因为演员的出色表演。演员每一场都当第一次去演，才感动了台下的观众。我们常常会看到小孩子跟着舞台上的剧情一起哭，一起喊妈妈；我们可以看到演出结束后，年轻人还坐在那儿抹眼泪；我们可以看到在散场的时候，有老人给演员敬礼。这就是质量。

魏寅： 旅游演艺的创新，就是要有做成百年老店的精神。我们有一句话，叫常演常新。《长恨歌》每一年都投入不菲的资金去进行提升改造，就是有把《长恨歌》打造成百年老店的精神。冰火《长恨歌》也是《长恨歌》的一个创新。

黄科：一句话，历尽思考，顺势而为。

张凌云：这个环节到此结束，谢谢大家。

开篇语：

作为红岩精神的诞生地、发源地，重庆拥有深厚的红色文化底蕴和丰富的文化资源。在风雨如磐的革命斗争岁月，被关押在渣滓洞、白公馆的中国共产党人，展现了坚如磐石的理想信念和艰苦卓绝的凛然斗志，用生命和鲜血锻造和凝结了“红岩精神”，孕育了重庆大地的重要精神成果。大型红色舞台剧《重庆·1949》通过打造顶级红色演艺剧目，勇担“弘扬红岩精神，传承红色基因”的时代使命，用一座城市的记忆，致敬一座城市的精神，并致力于激发重庆红色旅游创新动能，推动红色文旅产业高质量发展，大幅提升重庆文旅及文化创意产业的整体层次，塑造重庆旅游文化的“金边名片”，为重庆红色新经济强势赋能，为思想注入正能量。

大型红色舞台剧 《重庆·1949》

勇担时代使命 科技赋能文旅

1949年11月27日，就在距离重庆解放还有3天的时候，发生了一场震惊全国的惨案——11·27大屠杀。众多被关押在渣滓洞、白公馆的中国共产党人，经受住种种酷刑折磨，不折不挠、宁死不屈，为中国人民解放事业献出了宝贵生命。他们为坚持革命的理想和崇高的信念，在重庆解放前夕倒在了敌人的枪口下，倒在了鲜红的血泊中。他们去了，但他们留下了一股精神，昂起了高贵的头。他们微笑着，释怀地凝视着他们曾经那么渴望实现的梦想——新中国的诞生。

为了讲出、讲好这段故事，为了让这段可歌可泣的历史永远成为重庆人民共同的记忆，为了让来到歌乐山下的人们，在欣赏现代舞台艺术的同时，能够接受一次红色文化的精神洗礼和思想升华，重庆兴亚控股集团有限公司自2018年7月开始策划，以真实的故事和人物原型为依据，利用代表当代潮流及审美取向的表达形式和技术手段，历时3年、斥资8亿打造了这座魔幻般的剧场，创作了这部史诗般的剧目——大型红色舞台剧《重庆·1949》。

一、重庆 1949 大剧院，全国唯一以剧目命名的大剧院

重庆1949大剧院是全国唯一以剧目命名的大剧院，剧院建筑面积 25000平方米，地面以上高度 28.6米，穹顶跨度 79米，是一座融入了巴渝建筑风格的现代化剧场。剧院以红、黄两色为主色调，象征了红岩精神，配以“1949”字样的浮雕立面，让人们记住新中国、新重庆的元年。屋顶为圆形，有刻度，呈历史时钟状，标注了1921年、1949年、1978年及2021年四个极具代表性的年份，寓意中国共产党百年发展历程。独特的大剧院建筑造型使该剧院成为重庆新的文化地标。

剧场内的观演立体空间长89米，宽72米，高 31.6米，是目前全世界最大的单一室内舞台剧场，核心舞台直径超 60 米。它是目前世界上现代化剧场中七大系统（舞台机械系统、 舞美系统、灯光系统、音响系统、视频系统、内通系统和行政管理系统）同步交叉制作工艺最复杂、施工难度最大、科技含量最高的剧场。

剧场内设有观众席 1502座，分为固定区域和旋转区域。旋转区域即AB区，会伴随核心舞台区在演出过程中360° 旋转。坐在这个区域的观众可根据场景、灯光、人物的不断变化穿越到那个波澜壮阔的时代，体验不同人物的命运，感受多条剧情线相交并行、穿插演绎的多元化观剧感受。而坐在CD固定区域的观众，则是全方位无死角、全程时间线纵览舞台上的所有表演，舞台的各个区域所展现的大场景和小细节均可以完整观看。

二、从更广阔的时空维度全新演绎“红岩经典”

《重庆·1949》以1949年重庆解放前夜为历史背景，以白公馆、渣滓洞为剧情起点而扩展至整个重庆市，以黎明到来之前的中国共产党、各界爱国民主人士乃至普通重庆市民为人物主体，从更大的时空维度，在更广阔的历史视角上，全新演绎“红岩经典”，再现那段波澜壮阔、感人至深的红色革命史诗。

老一辈无产阶级革命家和革命志士在重庆的革命斗争中培育形成的红岩精神是中国共产党革命精神的光辉篇章，在中国共产党百年奋斗历程中有着重大而特殊的意义。红岩精神是新民主主义革命时期中国共产党在国民党统治区斗争实践中孕育形成的唯一革命精神，与红船精神、井冈山精神、长征精神、延安精神、西柏坡精神同根同源、一脉相承。红岩精神是中国共产党和中华民族宝贵的精神财富，是中国共产党革命精神谱系的重要组成部分。红岩精神要一代一代传承下去。

《重庆·1949》以创新形式传承红岩精神，作为一部肩负着“弘扬红岩精神，传承红色基因”时代使命的红色大剧，对于红岩文化的发扬与传承起到了至关重要的作用。

《重庆·1949》故事以磁器口为中心，多条主线并行。一条是林子杰、林子豪、林子雄三兄弟之间的骨肉亲情、矛盾纠葛和家国情怀，以及他们在各自理想和信仰面前做出的不同抉择；一条是围绕着以金秀为代表，被关押在渣滓洞、白公馆的共产党人、民主人士，在狱中坚贞不屈，忠诚信仰，最后英勇牺牲；一条是围绕着重庆地下党对狱中同志的营救以及对重庆重要设施的保护，并为此献出了生命；还有一条是狱中幸存的孩子，他们是先烈选择坚守信仰、不惜牺牲的原因，也是他们对未来的希望。这几条线并行交织，共同构筑了本剧恢宏的历史画卷和感人的英雄故事。

在剧中，不仅有大写意的场面铺排，还有许多细腻的情感刻画。如林子杰、张云霞隐秘而炽热的爱情；狱中的风娃照料一株野花，期待它长成参天大树；国歌声中，烈士们面带笑容向我们告别……这些特写镜头般的细节，提升了这部剧的情感温度和思想高度，触动着每个人的内心。

该剧保留了“绣红旗”“传情报”“11.27大屠杀”等经典桥段，同时也加入了当时各界群众在全市范围内英勇抗争、群策群力保卫重庆的内容。他们与渣滓洞、白公馆内发生的事件一起构成了更全面、更立体的红岩故事。

这些更全面、更立体的故事被植入到一种极具颠覆性创新力的舞台艺术手法中——同一时间线下的多维度表现，不同叙事场景融合推进的蒙太奇演艺空间意境。除重点刻画革命先烈在白公馆、渣滓洞的监狱里抗争的场景外，还将整个故事的线索布局在磁器口、沙坪坝乃至整个重庆城，使那段风云激荡的红色岁月，在前所未见的8D立体时空光影里，呈现出极具震撼性的沉浸式观赏体验。

三、颠覆性创新的多维立体沉浸式室内旋转舞台

该剧采用世界独创的多维立体沉浸式室内旋转舞台，其舞台机械结构之复杂、创意构思之精妙，让人叹为观止。整个舞台由五个可360°旋转的圆环组成，其中一、二、三环为核心表演及布景区域，四、五环既是舞台也是观众席，演艺空间与观演空间交相穿插，观众与演出融为一体，营造一场身临其境的独特视听体验。这是全世界独一无二的机械舞台，舞台的五个环全是独立运转构成的，在运转过程中会分很多方向的运动，每10°变换一个场景，一共可变换出6000多万个可视场景。观众如果想要看到完整的演出至少需要观看三次。

除此之外，该剧的舞美布景同样震慑人心。这里有全球最大的室内吊脚楼建筑群，层层叠叠、交相错落，完美再现20世纪40年代重庆城市风貌。这里有高耸陡峭的码头石阶与牌坊，伴随着一声汽笛轰鸣，一艘巨轮扬帆驶入舞台，演绎磁器口码头的繁忙景象；这里有壁垒森严的监狱岗哨，那看似冰冷无情的铁牢却锁不住革命烈士的伟岸身躯与铿锵呐喊；这里还有如烈火地狱般的残酷战场，拔

地而起的工厂烟囱犹如屹立不倒的革命信仰——即使烈焰焚身，也要让革命的呐喊直冲霄汉。

该剧最具特色的看点是将磁器口码头的原型搬上了舞台。制作方用70多个台阶、两边18米高的吊脚楼完整地还原了20世纪40年代的磁器口码头，核心舞台的最高点可以达到15米，这也是颠覆了传统剧场舞台的概念。

舞台空间的旋转交错、舞美布景的恢宏气势，加上3D动态全景音画、智能灯光的烘托……《重庆·1949》凭借高科技的舞台表现手法，将带领我们穿越回那座黎明前的“山城”，重新置身那段悲壮而又令人肃然起敬的历史，穿越的不仅是时空，更穿越了心灵、记忆与血脉。

四、国际顶级团队联袂倾力打造

这是一次国内外一流艺术家的汇聚。《重庆·1949》由重庆兴亚控股集团有限公司投资，集结了《长恨歌》《延安保育院》《12·12》《中国出了个毛泽东》等原创精英团队担纲策划、编剧与制作，由兴亚控股集团董事长宋晓平任总出品人，著名旅游专家张小可任总策划。主创团队还包括著名导演李捍忠以及多位国家一级编剧、导演，多位知名音乐制作人等，同时联袂联合国教科文组织国际舞美协会前会长及现任会长，以及参与北京奥运会、意大利都灵冬奥会、上海世博会等一众国际盛会的大师级舞美团队，以最具震撼力的艺术创意和舞台技术倾力打造该剧。

总导演李捍忠是国际知名编舞家、文旅演出顶级导演、中国红色文旅演出开拓者之一。编剧唐栋是唯一连续获得五届文华大奖的编剧。多媒体总设计王志鸥和他的团队，是目前国家项目首选的多媒体团队，是北京冬奥会的多媒体主创，负责中华人民共和国成立七十周年天安门广场联欢的多媒体设计……《重庆·1949》还集合了一批国内一流的青年音乐剧演员、舞蹈演员、戏剧演员，由多达130位演员共同完成这个作品。同时，《重庆·1949》的演出设计、制作环节更是汇集了国际、国内知名艺术家共同参与，是一台国际级的精品力作。

自2021年9月3日常态化演出以来，《重庆·1949》累计演出近1000场，近百万游客观众通过演出接受了爱国主义教育，精神得到了洗礼。

五、《重庆·1949》的精神内涵

《重庆·1949》以宏大的革命历史为背景，以众多被关押在渣滓洞、白公馆的中国共产党人的故事来反映重庆解放的大背景，以小见大，让人们在舞台剧中真切感受革命先烈们的家国情怀以及他们的坚贞不屈、忠诚信仰，为了国家和民族利益不惜牺牲的英雄主义精神，感受兄弟之情、母子之情、军民鱼水情的感人故事。演出再现了重庆的革命者同敌人进行顽强斗争的景象，折射了革命者的人性光辉、牺牲精神和大爱情怀，颂扬了伟大的革命精神和红岩精神，发挥了红色文化资源和红色教育基地的作用，让广大党员、干部、群众，特别是青少年接受红色教育、传承红色基因、接受红色精神洗礼。

《重庆·1949》践行了习近平总书记在文艺座谈会和在重庆调研时关于红岩精神的讲话，是一部有筋骨、有道德、有温度的文艺作品，讴歌了奋斗人生，刻画了最美人物，彰显了信仰之美、崇高之美，坚定了人们对美好生活的憧憬和信心，让灵魂经受洗礼，发现自然之美、生活之美、心灵之美。同时，该剧也是践行重庆市文化和旅游发展“十四五”规划，彰显红色文化的典范，是体现重庆市文化产业发展成果的一部经典艺术大制作。

目前，重庆市教育委员会，重庆市沙坪坝区委、区政府，重庆市沙坪坝区教育委员会，共青团重庆市沙坪坝区委员会，少先队重庆市沙坪坝区工作委员会等组织单位将《重庆·1949》作为教学项目，党员干部在鲜活的历史中学习红岩精神、革命传统、爱国主义精神。同时，演出也成为大中小学开展“研学游”等教育实践的重要平台和基地。

开篇语：

《长恨歌》为中国文化旅游产业融合发展提供了成功范例。对于中国旅游行业来说，《长恨歌》标准化发展的经验提供了原创演艺产品长期稳定运营的经典模式；对于中国旅游演艺行业来说，《长恨歌》标准化发展的经验提供了旅游演艺产品可持续发展的经典范本。这种创新发展模式的传播，促进了文化创意和旅游资源的融合提档升级。《长恨歌》对于处在转型时期的中国旅游演艺行业来说具有非常宝贵的借鉴价值，它的模式也将成为未来文化旅游景区发展的一个新趋势。

大型实景历史舞剧《长恨歌》

文化引领华清品牌发展，标准化促文旅融合升级

中国首部大型实景历史舞剧《长恨歌》，由陕西旅游集团有限公司依托华清宫丰富的历史文化资源和国家5A级旅游景区的品牌优势，于2006年精心打造并推出。该剧以白居易的叙事长诗《长恨歌》为蓝本，在故事的发生地华清宫，真实再现了大唐盛世的恢宏气象和唐明皇与杨贵妃千古绝唱的爱情传奇。《长恨歌》模式是文化旅游产业发展的成功实践，不仅强化了华清宫国家5A级旅游景区和西安作为世界旅游目的地城市的地位和影响力，也为传统旅游景区如何实现资源保护与开发利用并举、经济与文化发展并重、经济效益和社会效益双赢提供了有益借鉴，为陕西乃至全国发展文化创意产业提供了新的范式。

一、文化创意资源挖掘赋能传统文旅企业转型

舞剧《长恨歌》全长70分钟，以唐明皇与杨贵妃在华清宫中许下的爱情誓言“七月七日长生殿，夜半无人私语时，在天愿做比翼鸟，在地愿为连理枝”为主线，通过山水风光、古典乐舞、诗歌旁白、高科技灯光音响及特效等表现手法，让观众穿越时空隧道领略1300多年前发生在骊山脚下华清宫中婉转动人、缠绵悱恻的爱情故事，感受浓郁的盛唐文化气息。

第一幕：一朝选在君王侧

千娇百媚的杨玉环奉诏入宫，“回眸一笑百媚生，六宫粉黛无颜色”。唐明皇端详着花容月貌、娇艳无比的玉环，赐予金钗钿盒做定情之物。金殿举行册封大典，朝臣入贺，歌舞伎出，乐舞妙曼，宫殿巍峨。

第二幕：夜半无人私语时

天上繁星闪烁，明月如钩，“七月七日长生殿，夜半无人私语时”。明皇与贵妃仰望银河，共诉衷肠，焚香盟誓，情长意深，在牡丹丛中追逐嬉戏，倾诉着爱意，柔情缠绵。

第三幕：春寒赐浴华清池

在众多宫女的簇拥下，杨贵妃罗裘薄纱，薄薄的水帘下形成一幅“温泉水滑洗凝脂”的洗浴图。

第四幕：骊宫高处入青云

大唐皇宫巍峨，气势恢宏。安禄山见驾唐明皇和杨贵妃，跳起了胡旋舞和胡腾舞，强劲狂放的胡风为大唐文化注入了活力。杨贵

妃与众胡旋舞女一起跳着华丽而奔放的舞蹈，陶醉在溢彩流光的胡风劲舞中。

第五幕：玉楼宴罢醉和春

杨玉环玉楼宴罢，醉步摇曳，醉意朦胧，风姿绰约如春风醉杨柳，蜜意柔情似烟霞漫溪水。迷醉的姿态缠绵出娇艳的风情。高力士侍奉左右，不敢有丝毫怠慢。

第六幕：仙乐飘飘处处闻

骊山脚下，皇宫高处。梨园内华灯溢彩，缓歌慢舞，仙乐飘飘，一派歌舞升平的景象。贵妃率梨园弟子在芙蓉花中翩翩起舞，唐明皇与杨贵妃乐舞合欢，沉浸在情海中，共浴在爱河里。

第七幕：渔阳鼙鼓动地来

安禄山造反，潼关沦陷，京师告急，惊破了唐明皇的春宵花梦。群山中，战火纷飞，皇宫里，丽人逃窜，熊熊烈火燃烧着唐明皇的“芙蓉帐”，也燃烧了大唐王朝的天子之梦。

第八幕：花钿委地无人收

唐明皇携杨贵妃仓皇西逃至马嵬坡，护军将士哗变，逼迫唐明皇赐死杨贵妃。二人难分难舍，无情的白绫绕在贵妃身上，在惨淡的月光下贵妃凄美地死去。苍凉、凄楚的歌声在空旷的山野里久久回荡。

第九幕：天上人间会相见

唐明皇回到长安城，杨贵妃的音容笑貌在他的脑海中萦绕徘徊，令他肝肠寸断。睡梦中，他入蓬莱仙境与杨玉环相会。两人泪眼相望，再续前缘。仙女奏乐，无数白鸽凌空飞翔，表达着“在天愿作比翼鸟，在地愿为连理枝”的美好祝愿。

《长恨歌》对深厚的历史积淀和独特的人文景观进行了深度挖掘整合，成功地将资源优势转化为文化体验优势，成为中国文旅融合、传承创新最具活力的典范之一，成为陕西文化旅游的“金字招牌”。

二、《长恨歌》模式助力旅游演艺高质量发展

《长恨歌》演出18年以来，围绕舞剧创意、剧情优化、舞美设计、音乐灯光运用以及现场管理，坚持年年有改进、年年有创新、年年有提升，用高标准固化创新成果，用创新推动标准升级，总结提炼了可复制、可借鉴、可运用推广的《长恨歌》模式——“旅游为体、文化为魂、标准为矛、专利为盾”。

（一）旅游为体

华清宫是著名的历史文化景区，集风景园林、文物遗址、温泉沐浴、实景演出、餐饮购物、休闲娱乐为一体，是全国首批5A级旅游景区、全国重点风景名胜区、全国重点文物保护单位。作为历代帝王行宫，华清宫拥有深厚的历史文化和丰富的人文遗迹，唐玄宗与杨贵妃的爱情故事和震惊中外的“西安事变”都发生在这里，成为旅游演艺创作的资源基础和市场基础。

（二）文化为魂

2006年，陕西旅游集团有限公司在华清宫投资1.2亿元，打

造中国首部大型实景历史舞剧《长恨歌》。该剧以白居易同名叙事诗为蓝本，真山、真水、真故事、真情感地艺术化呈现，使沉寂的历史活起来，有效带动了华清旅游产业结构的转型升级，拉动促进了区域经济发展，被誉为“中国旅游文化创意产业的典范之作”。

（三）标准为矛

随着《长恨歌》演出日趋成熟，质量管理也实现了从标准化、规范化到精细化、品牌化发展的不断跨越。2016年，以旅游资源＋文化创业＋国家标准为指导思想，总结、提炼演出管理经验，华清宫主导编制《实景演出服务规范 第1部分：导则》《第2部分：演出管理》《第3部分：服务质量》三项国家标准并成功发布，标准对演出项目的选址、演出管理、服务质量等做出了规范，这是首个国家层面的实景演出类标准，填补了行业空白，为《长恨歌》“领跑”全国实景演出行业提供了强有力的支撑。国家标准的建立，也使《长恨歌》赢得了来自更多专业领域的认可。2016年，陕西省服务业标准化技术委员会旅游演艺标准化分技术委员会在华清宫成立。2018年，全国唯一的中国旅游演艺国家标准培训基地落户华清宫，有效带动了旅游演艺行业的发展。

（四）专利为盾

如何避免演艺管理和服务标准在复制推广中被抄袭和模仿？如何保护标准的知识产权？华清宫《长恨歌》多年研发和积累的独有技术转化为专利，嵌入标准，组织申报了16项专利，对包括自主研发的灯效设备、亚洲最大LED软屏、水下舞台、可伸缩隐藏在地下的座椅等10多项技术申请了专利保护，初步为《长恨歌》标准体系穿上“防弹衣”。

经过多年的标准化实践行动，形成了以3项国家标准、8项地方标准、47项企业标准为骨架的“长恨歌模式”，为陕西乃至全国实景演出提供了可借鉴的经验和规范发展的实践案例，促进实景演出市场规范、持续、健康发展，成为全国文旅产业融合发展的典范。

三、《长恨歌》精品理念坚守赢得市场赞誉

这部“真山真水真历史”实景舞剧《长恨歌》，以精细化服务和演出管理为切入点，以精品打造为价值理念，它的成功不单单是“卖产品”，“服务”也成为品牌价值体现的重要组成部分，华清宫建立出一套适应夜间演出需求的“一室三部”管理机构，先后创立了百余项服务标准、工作标准和管理标准。精细化的演出管理能在15分钟内完成双场3000名观众的退场和3000名观众的入场；如果演出中突降大雨，能在5分钟内完成全场雨衣发放……这一切，得益于标准化的服务流程，得益于标准化的生动实践。

《长恨歌》的成功离不开观众的支持和认可。在一次《长恨歌》冒雨演出刚开演4分钟时，贵妃入场的莲花船出现故障，技术人员第一时间穿戴装备，跳入大雨中的湖水里进行设备抢修，2500名观众选择坐在雨中静静等待，无一人喧哗或离场退票。10多分钟后，当音乐重新响起时，观众席爆发出热烈的掌声，

为在湖中抢修的技术人员和始终站在雨中为他们服务的工作人员鼓掌。

一滴水足以折射出太阳的光芒，演出中的类似案例不胜枚举，华清宫在《长恨歌》演出标准化建设的成果也再次验证了标准固化精品的理念对提升管理服务水平的巨大推动力，让游客享受到我们持续提升的服务内涵，也使整个旅游产业链得以受益，为景区弘扬传统文化、拉动全域旅游、解决地方就业起到显著的提升作用。

四、《长恨歌》标准化践行铸就品牌价值提升

得益于标准化的建设，《长恨歌》网上好评率高达99%以上。从2006年公演至今，累计演出4500余场，累计实现收入超16亿元，推动了西安区域旅游体系的日趋完善，间接贡献上百亿。华清品牌也不断发展壮大，形成以“华清旅游”为母品牌，华清宫、华清演艺、华清御汤、华清文创、华清管理为子品牌的“一母五子”品牌构架，经营收入从2007年的1.04亿元到2019年的7.6亿元，华清宫品牌价值不断彰显，由2019年评估的3.06亿元，增长至2021年的8.27亿元。这些数字体现出了，华清宫不仅打破了由传统型景区仅依靠门票经营的瓶颈，还形成了文旅产业的集团化发展模式，成为传统景区突破发展的成功范例。《长恨歌》迎来了属于它的荣誉。

2010年，《长恨歌》被文化部和国家旅游局列入首批《国家文化旅游重点项目名录》；2014年，《长恨歌》被评为“中国十大未来文化遗产项目”；2016年和2018年，“长恨歌”“华

清池”先后被认定为“中国驰名商标”。2020年，以舞剧《长恨歌》为案例研究的《古今结合的文化创新和商业探索——<长恨歌>文化品牌的建立与发展》被北京大学管理案例中心正式收录。同年，《长恨歌》团队荣获西安市首届“市长特别奖”。2021年，陕西华清宫文化旅游有限公司“古今结合的文化创新和商业探索——《长恨歌》文化品牌的建立与发展”案例荣获2021“拉姆·查兰管理实践奖”，此奖项由《哈佛商业评论》中文版主办，代表着中国管理实践的至高荣誉。

五、《长恨歌》模式撬动演艺市场新活力

中国实景演出发展迅猛，成为一个新的旅游经济增长点，但由于实景演出行业标准缺失，演出管理水平参差不齐，影响了实景演出业的健康发展。《实景演出服务规范》国家标准的出台，对推动全国实景演出规范化、标准化建设，促进实景演出产业链的延伸和健康可持续发展起到了积极的促进作用。

借鉴《长恨歌》的成功经验，陕西旅游集团有限公司以《长恨歌》作为样板和突破口，推动旅游演艺行业集约化、规模化经营，持续投资《红色娘子军》《出师表》《法门往事》《延安记忆》《12·12》西安事变等演出。此外，陕西旅游集团有限公司将文化产业发展融入到国家的发展战略中去，携手意大利威尼斯联合投资大型实景演出巨制《马可·波罗》，这不仅是陕西乃至整个中国旅游演艺国际化的破题之作，更为践行中国文化“走出去”战略掀开

新的篇章。

《长恨歌》演出总结出一条文化挖掘、市场运作、产品升级、标准化管理的创新思路，为旅游景区打造精品演出项目提供了借鉴经验。《长恨歌》模式的创新和发展，将促进文化旅游产品和消费的结构升级，也为中国文化创意产业的发展探索了新的路径。

专家访谈（四）

开发旅游集聚区，带活一方经济

开篇语：

2023年火爆的告庄西双景、“田园城市·音乐小镇”六星街景区是城市商业街区规划的典范，结合当地特色文化开发夜间经济等多种业态，迎合和创造需求，成为旅游的网红打卡地。

主持人：

厉新建　北京第二外国语学院首都文化和旅游发展研究院执行院长，文化和旅游部“十四五”规划专家委员会委员

嘉宾：

杜一力　中国旅游协会副会长，曾任原国家旅游局副局长、党组成员

曾博伟　中国旅游协会休闲度假分会秘书长，北京联合大学中国旅游经济与政策研究中心主任，世界旅游城市联合会专家

案例代表：

李　梅　云南景兰文化旅游股份有限公司（云南景兰文旅集团）总裁

李金凤　伊宁市文化体育广播电视和旅游局党组成员、文博院院长

厉新建：专家访谈的目的就是我代表听众来给各位专家、各位老总提问题。我们先把问题抛给两位老总。请问李梅李总，作为2021年第一批国家夜间和旅游集聚区，西双版纳当地文化是怎么融入夜间集聚区发展中的？

李梅：西双版纳这些年在行业内发声比较少，很感谢有这样的一次机会和大家分享。介绍告庄这个项目之前，我想先说说项目依托的背景。西双版纳是一个老牌的旅游目的地。这个旅游目的地有四个非常独特的气质：一是非常成熟的旅游目的地，有客流基础。二是作为全国少有的避寒胜地，具有365天在室外全天候经营的气候条件，造成了夜间经济的繁荣。我们365天都可以在外面摆夜市，都可以露天狂欢，造就了告庄西双景最核心的吸引力——规模最大的夜市。三是西双版纳地处边疆地区，位于中老缅泰大通道的枢纽，整个西双版纳涵盖“水、陆、空、铁”国家级口岸，这是少有的地缘优势。国际化的地缘优势使我们可以做出一个具有国际化气质的产品。四是西双版纳位于边陲地区，它的少数民族原生态保存得非常好，这也为告庄西双景做民族性的主题奠定了非常良好的文化基础。基于这四点，我们在2008年开始了这个项目的策划。在这里，我们分享一点非常重要的经验，就是把运营前置到策划当中，从策划一开始就考虑将来这个项目要做成什么样，如何管理，盈利模式是什么样，所以我们很早组建了运营团队，让他们参与到前期的策划当中。2008年做这个项目的时候，我们就在想，要怎么改变西双版纳一直以来给游客的印象——来了西双版纳遗憾终生，不来西双版纳终生遗憾。我们希望做出一个好的产品，让大家能产生这样一个感觉：这就是我梦想中的西双版纳！基于这一点，我们当时做了一个比较高的定位：要做成湄公河畔的明珠，大金三角流域的游客出发台和回归台。我们对标的是东南亚的国际知名旅游目的地——清迈、琅勃拉邦。这个定位完成之后，再考虑怎么去实现国际化的独特气质。答案是，以文化为主线！告庄西双景所做的东西都要围绕傣泰文化的主线，以当地的少数民族风情为辅，加之以湄公河流域的国家风情，从而形成了文化主线。有了一个高的定位，有了一条文化主线，我们就开始围绕它们来做规划、设计、建筑，包括管理和服务业态分布。文化主线定了之后，等于后面所有的投资建设管理就有了一张行为的负面清单，所有不能为这个文化定位做加法的统统不做。

我们的运营团队除了参与策划之外，规划、单体建设、业态、招商管理都是深度参与的。对开业之后的商家，我们也一直在强调这样的理念：我们的文化主线是傣泰在地文化。

举个例子，第一期客栈开业的时候，很多商家要学习古城挂大红灯笼，我们就自己花钱设计，做了傣泰式的灯笼给大家挂上。大家一看，效果非常好，场景很出挑，游客也很喜欢。经过10年的打磨，告庄5000多户的商家都知道了他们的产品、装修、门头，包括服务员的着装都是围绕文化主线来做的。这样一来，告庄独特的场景和个性魅力就不是我们一家做，而是5000多个商家和3万多个从业人员共同营造的，实现了交互互动。这是策划方面做的分享。

另外，在业态当中，我们很典型的核心吸引力——星光夜市，也不是一蹴而就的，而是经历了十几年的发展。第一期我们就做了街巷夜市，到2018年开始做大场景的广场赶摆夜市，到2018年底做了水上集市。夜市的升级也代表着消费的升级。街巷夜市的消费是最便宜的，大场景营造赶摆夜市消费升级了，到再贵一点的水上夜市，消费再一次升级。很多商家贴合这个主题做了一系列产品，比如民族服装的旅拍，对年轻人很有吸引力。在告庄，旅拍产业经过三年发展已经有200多家旅拍店，一年实现的产值差不多6个亿。它带动了民族服装服饰，带动了化妆，带动了一系列产业发展，最重要的是让年轻人能够迅速地在日常中接触民族的东西。他可以穿着民族服装上飞机，可以去各个景区，这个我们觉得非常骄傲。我做西双版纳旅游将近20年，早期的时候我们就非常羡慕海南岛的岛服，希望让每个游客都穿上我们的傣族服饰。现在我们通过告庄旅拍实现了这个目标。

厉新建：谢谢李总非常详细的分享，有几个点大家要特别关注。比如一是讲到西双版纳和很多地方不一样，365天都可以经营，所以我们要投资这样的项目时可能还要考虑到经营周期问题。二是专门讲到了运营要前置。不能是策划建好之后，运营再进入。

这个观点其实之前专家也讲到过，不能等饭店建好了再运营，这样后期运营会减少很多不必要的问题。三是也讲到对文化主题或者内核的选择，业态贯彻过程中对文化本身的植入，主题在整个发展过程当中的体现，都是非常重要的因素。谢谢李总。

我想问一下第二批的夜间文化旅游集聚区六星街，能不能分享一下你们在发展的过程当中，都碰到了哪些主要的问题？这些问题当中有哪些比较棘手，又是怎么解决的？

李金凤：感谢大会给我们这样一个学习交流的平台。新疆是好地方，伊宁是好地方中的好地方。1934年规划建设的六星街是伊宁市获批的国家历史文化名城核心区，从过去晴天一身土、雨天一脚泥，发展到今天成为展示伊宁厚重历史文化的大舞台；从过去居民商户不理解不支持，发展到今天人人参与、共建、共享的局面。我想应该得益于三个层面的努力：

一是政府主导，高位推动。首先是多部门的联动，对历史文化街区的保护规划进行一规到底，坚决避免不符合特色街区规划的其他产业和项目。同时，我们把原来这个街区的3个社区合并为一个社区进行统一管理，把伊宁市财政局的副局长委派到这个社区担任社区的主任，主抓经济发展管理。我们文旅系统还为街区的文化赋能，把非遗搬上六星街的街头。正是这些高位推动才将六星街打造成为伊宁人爱到、外地游客必到的一个特色旅游街区。

二是市场运作、示范引导。我们坚持招商引资和招才引志并重，把培育扶持和集聚高品质的文化休闲经营人才聚集在一起，形成了以街引商、以街带商、以商兴旅、以旅促荣的良性循环。

三是居民参与共建共享。我们充分发挥基层党组织的力量，派驻工作队到社区，文旅局为后盾单位。我们发动联户长和居民的力量，形成人人参与、共建共享，最大限度地宣传引导，让街区的保护规划家喻户晓，大到保留院落的历史风貌，小到门前种植的花草和墙体的色调，都进行统一的引导，形成人人共建、共治、共享的局面，释放了旅游和稳定带来的红利，促进民族团结，达到经济效益和社会效益的统一，达到润物细无声的效果。

厉新建：谢谢李院长，我觉得您刚才讲得非常好。很多事情要去做，会遇到很多政策问题，政府的高位推动，能避免一些企业在实际推动时碰到的问题。另外，在发展的过程中选择文化主题，不能只是这个地方的特色文化，比如更细分，选择非遗是个很好的点。非遗本身就是生活化的，跟老百姓的日常生活是息息相关的。这样可能更容易跟外来的游客形成互动。再有，在这个过程当中怎么样跟当地的老百姓能够共建共享，能够让老百姓得到好处，我想这也是我们旅游发展非常重要的目标，谢谢李院长。

下面我想问杜局长，上述两个案例都来自集聚区，集聚是不是我们旅游发展的方向？如果是的话，在这个发展的过程当中，我们需要注意些什么？如果不是的话，为什么它不是未来的发展方向，能不能跟我分享一下？

杜一力：集聚本身是一个经济活动的自然现象，人聚成事，商聚成市，凡是经济活动包括旅游经济成为集聚应该是自然而然的。

这些年，我们的国家特别认真地推动集聚化发展，我想主要可能是因为我们现在当前对旅游经济拉动作用的这种渴求，对于刺激消费、拉动消费的这种政策的主观愿望。那么在这种形势下，我们的集聚就产生了一些新的特点。

听了两位分享来自边疆地区、少数民族地区形成的集聚区，文旅街区六星街我还没去，告庄西双景我去了一次，我的感受是既熟悉又新奇。熟悉的是在现代旅游市场中能形成这样的集聚，人山人海、摩肩接踵，真是踩掉鞋跟，尤其是晚上的星光夜市相当热闹；新奇是因为20世纪八九十年代，我们去过很多这样的集聚区，去过西双版纳，也去了当时的夜市，很好玩，但确实层次比较低。这一次在西双版纳看到告庄西双景，已经上档次了，它是时尚的，是生活化的，也是国际化的。在东南亚一带的商业集聚、旅游集聚中，告庄西双景属于头部的，是很有代表性的一个区域。今后的发展方向，不是要不要集聚的问题，而是这些旅游集聚区提升的问题。旅游集聚区文化的提升、环境的提升、水平的提升、品牌和效益的提升，才是我们现在的方向。

厉新建：谢谢杜局。其实刚才无论是告庄西双景也好，还是六星街也好，我们讲的是旅游集聚区，它应该是一个旅游休闲的集聚区。我们六星街是要让当地人爱去，外地人必去，这是涉及旅游消费和休闲消费的问题。所以我想让博伟跟我们分享一下，在集聚发展建设的过程当中，我们应该怎样处理休闲和旅游之间的关系，尤其是本地的休闲和外来的旅游消费之间的关系？

曾博伟：我们在讨论集聚的时候，为什么要强调说是本地消费还是外来消费？如果是生产型集聚，就是工厂集聚在一起的时候，大家就不会问这个问题。你不会关注这个产品是卖给西双版纳的消费者，还是卖给西双版纳以外的消费者。旅游为什么会集聚，或者说旅游的集聚和别的集聚有什么不同？以前经济学讨论产业集聚很多是从生产视角讨论的。比如电子产业，为什么会在东莞、重庆这样的地方集聚？生产集聚有一个特点，它的市场不在当地，而是面向全国甚至全世界的。旅游型的集聚其实是一个消费型的集聚。消费型集聚跟生产集聚是有区别的，消费型集聚有一个很重要的特点，就是要有一个吸引物把消费者吸引过来。从旅游来讲，集聚可能是因为有一个很好的景区。比如东山，也是一个吸引物，吸引我们来到这里形成消费型集聚，我们在讨论旅游消费和休闲消费的时候，这就涉及外地旅游消费和本地休闲消费，但在生产型聚集中，厂家或者供给商并不在乎是游客消费还是休闲消费。

这次推介的两个案例都是街区。那为什么有的街区会成功，有的街区会失败？其实这就涉及旅游和休闲的关系。涉及街区的三种类型。第一种，好的街区一般既有旅游功能又有休闲功能。为什么很多成功的街区是在人口很多的城市？比如成都很有名的宽窄巷子、锦里，都是很火的街区。我相信，那是因为本地的居民和游客都很多。因为成都是个大城市，是人口2100多万的城市，也是一个著名的旅游城市，居民消费和旅游消费能力非常强。第二种，休闲街区市场主要是面向城市的。比如北京的三里屯主要是当地人在消费，但是外地人去出差或者旅游的时候，也会去逛逛，这可能又是另外一种类型。第三种，则是以旅游为主导的。这次获得推荐的两个街区就是这种类型。

2022年年底我去过告庄西双景，那时刚刚疫情解封，全国都很萧条，但这里却是人山人海的。后来我看了数据，告庄西双景高峰的时候大概有2000万人。而告庄西双景所在的景洪市，城市居民只有64万人。所以这边的消费者百分之八九十都是外来游客。为什么有很多旅拍？因为外来游客会穿着傣族的服装去旅拍，它的整个业态配置就是根据这个来的。

另外，西双版纳也是很著名的旅游城市，高峰的时候游客约3000万人，其中有2000万人都去了告庄西双景，可见它的吸引力有多强。当然，街区发展要依托于整个旅游目的地。比如，伊宁市常住人口大概58万左右，2022年1–7月，共接待累计旅游人次918.60万人次。因为整个游客量少，所以转化成街区，游客可能就不如告庄西双景多。但对于新疆来说，能有这么大的流量已经非常了不起了。而且新疆有很好的自然风景，但是缺这样的人文景区，特别是夜间消费的区域。为什么文化和旅游部对伊宁市六星街定的既是夜间文化和旅游消费集聚区，也是国家级的旅游休闲街区？我想是因为旅游和休闲是密不可分的，一个街区要真正成功不可能完全忽略休闲消费，除非像传统旅游目的地一样，旅游特别火。很多去西双版纳、景洪旅游的人都在那里买了房，就变成了旅居客人，所以他们的消费转化不一样。

另外，很多失败的街区案例都是因为游客量没这么多，却一厢情愿地希望完全靠旅游消费带动。如果你的居民消费都不够，这样的街区就有问题。所以要统筹考虑，最后还是市场说了算。

厉新建： 谢谢博伟非常详细的分享。刚才博伟老师提到，告庄西双景的游客量非常大，我也看了一下数据，2018年告庄西双景游客量是1000万，2019年翻了近一倍。告庄西双景这么短的时间内有这么大流量变化，有没有什么诀窍？让游客能够这么快地增长或者说消费流量有这么大的发展，有没有诀窍可以分享？

李梅： 现在是自媒体时代，网红爆款是可以马上火爆的。2017年之前夜市是初代街巷式夜市，到2018年我们就做了大广场式的夜市。用无人机拍摄空中的镜头，从大金塔往下一看，几千个轻型夜市摊位，灯火辉煌的场景非常震撼。所以我们在2019年把品牌梳理了一下，把活动升级。以前，我们版纳做旅游都是默默做，也不会宣传。2018年年底，我们开始和主流媒体比如中央电视台合作，并且加强网红自媒体宣传，所以人数提升得非常快。另外其实也是借势，2018年和2019年旅居到西双版纳买房的人特别多。因为正好当时海南三亚限购，所以西双版纳吃了一波旅居养老避寒的地产红利。但是最大的增长还不是2019年，我们真正的增量反而是疫情后。从2020年开始。因为高端客群减缓了出境游，只能转向国内，国内发展比较好的避寒地区就是三亚和西双版纳。这些北上广的游客一来，颠覆了对西双版纳的传统印象，发现这里既好玩，又舒适，于是反复地把西双版纳推到了网红的高地上。

厉新建： 看来，告庄西双景的发展核心是借势。告庄西双景的特色正好和网红社交媒体、旅居人群、消费者生活需求相匹配，所以客源增加非常迅速。

李梅： 机会是给有准备的人的。

厉新建： 很好，谢谢。西双版纳有很多好的旅游资源，现在可能借助了新的机会、机遇，抓住了趋势，得到了更好发展。但是有些地方不见得像西双版纳有这么好的条件。所以想问问杜局，您觉得我们在集聚区发展过程中可以有哪些创新性、创造性的手段、方法和路径？

杜一力： 创新是个大题目，创新无边界。他们在文旅街区集聚上就做出了成绩。六星街主要是体制创新。文旅行业走了40多年，一直在探索体制创新。政府做什么？企业做什么？各个主体怎么发挥自己的创新精神？机制创新方面有很多可总结的，也总结了很多。今天的主题是产品创新。产品创新这个题目很大。各类产品自己有不同的创新方式和载体。对于街区这个特殊载体，它既是旅游产品，也是社会建设的组成部分，它的创新有更多维度。回到旅游产品的层面，产品的灵魂其实是最难的。所有的创新，最难和最有突破点的就是项目的灵魂。街区的创新成功不外乎两点：一是环境的提升，二是文化灵魂的呈现。各地的政府和企业都下了很大的功夫去进行环境创新，这个方面只要投资够，理念够，门槛提升不会很难。但是要做出创新的业态、项目、文化，也就是做出这个产品的灵魂，其实是最难的。所有的创新，最难和最有突破点的就是项目的灵魂。

旅游需求是生活化、日常化，文旅结合，文化是灵魂，那么旅游就是载体。这些年人们对文化的理解被狭隘化、简单化、套路化了。为什么很多街区改造，投入大量的资金，最后项目完成却发现还不如以前？原来充满烟火味的时候，熙熙攘攘，人人都很喜欢，等到改造完以后，门可罗雀。为什么？这里最核心的就是，本土文化是怎么发掘的。我们都有一套发掘文化的路数，把非遗放在那儿表演，在街上放几个网红，把本土文化搞成一个标志，然后在大街小巷摆放，这些文化的发掘方法是不是能够激活灵魂？我觉得不能够，而且越往后越不能够。

新的旅游产品的最大弊病就是这种伪文化。应该去深入研究一下。街区的市井化、生活化是核心，他们的文化的这种生命力是从生活中来的。街区跟其他的产品不一样，街区如果没有生活化，没有人味，没有烟火味，没有市井味，整个产品就算不上成功。国家正处在城市进一步改造、乡村振兴进一步提升的过程中，我们的旅游产品要抓住这个活的灵魂。在这个基础上进行创造，可能是当前的一个重要课题。什么是活的灵魂、活的载体？这个问题还需要研究。我的想法就是，把文化放在生活中，本土化的生活方式，本土文化的活的载体。这应该是一个创新之源，也是项目成功之本。

厉新建：谢谢杜局。杜局反复强调文化的问题，如何将文化深化、渗透到生活当中。文化的生活化其实是非常重要的。如果把文化供起来，可能就会离老百姓的消费很远。杜局也讲到，我们文化其实还要主题化，渗透到整个旅游消费“吃住行游购娱”每个要素当中去的。还有就是文化的环境化，让文化成为背景，让整个消费业态能够成为背景和前景，推动集聚区的发展。六星街通过机制创新，带活一方经济，肯定涉及老百姓，能不能跟我们简单分享一下，你们是怎样让当地的老百姓致富的，尤其六星街人口的百分之七八十都是少数民族？

李金凤：六星街是一个多民族聚集和移民集聚的街区，它的少数民族人口占到了80%。我们辖区的少数民族灵活就业的比较多。第一，加强宣传引导，转变少数民族的致富思路，让他们学习旅游的服务技能以及一些创意，大力发展庭院经济，以就近就业创业为致富的路径。第二，示范引领带动培训。这是我们当时坚持以特、优、精、小的原则，按照小规模、大收益，小成本、大收入的思路，并以此发展庭院经济，保留传统院落风貌。少数民族都有自己独特的手工技艺或制作美食的技能，我们就发挥这个优势，进行培训引导。同时，我们引进一些当地口碑比较好、大众点评分比较高的网红店进驻街区，引领街区的发展。我们组织当地的居民进行学习培训。通过借鉴网红店的管理模式，让大家用智慧和勤劳做大旅游蛋糕。刚开始的时候，居民对什么是旅游不了解，后来有个维吾尔族的居民告诉我，他在家门口摆了自己制作的手工点心，一会儿就卖光了，这就是旅游吧！这番话很纯朴，很朴实，但却是他最深切的感受。他收到了旅游带给他的红利，感受到了旅游带来的致富路径，也享受到了稳定释放的红利。六星街通过一系列的创新，实现了旅游富民惠民，从而达到了人人共建共享的特色美好旅游休闲目的地。

厉新建：谢谢分享。六星街的成功得益于两点：一是通过培训的方式提高当地老百姓的能力，二是充分发挥出他们的资源效用。无论是庭院经济充分利用好老百姓房子，还是充分发挥老百姓的手艺，其实都是带动、引导老百姓加入到整个旅游经济发展或者旅游集聚区发展过程当中来，让他们享受到旅游发展红利的方式。

开篇语：

六星街作为新疆历史文化街区，具有独特的历史人文价值，它不仅是伊宁市一道独特的风景，更是伊犁的重要城市文脉。其六星放射形的街区，不同于我国传统的方城九宫棋盘式布局，体现了西方现代田园城市的规划理念。六星街的规划建设是西方“田园城市”城建理念在中国边城的实践。自街区建成起，就是一个多民族集居的街区，形成了中西文化交流和各族文化交汇交融多元一体的开放格局。

近年来，聚居在六星街的各族人民，手足相亲，守望相助，交错杂居，相互理解，相互依存，相互亲近，成为多元一体中华命运共同体的缩影。

“田园城市·音乐小镇”
六星街景区

小镇琴声奏响文旅华章

1934年规划建设的六星街是国家历史文化名城伊宁市的核心区，也是自治区级历史文化街区。街区的“现代田园城市的规划”理念和肌理形态完全不同于传统的方城九宫棋盘式布局，不仅是伊犁一道独特的文脉，也是中西城市规划建设文化交流的历史遗产，具有独特的历史人文价值。

街区占地面积0.7平方公里，由黎光街、工人街、赛里木街3条街道交错至中心广场向外辐射出六条主干道，把街区分成六个扇形小区域，形成了一个独具特色的六边形街区，故被称为六星街。街道两侧风格各异的庭院依次展现，井然有序。街区内居住着汉族、维吾尔族、哈萨克族、俄罗斯族、回族等13个民族，是一个多民族聚集和移民集居的街区，各民族手足相亲、精神相依、守望相助、人心归聚，相互交往、交流、交融。

目前，六星街已成功被评国家4A级旅游景区，荣获首批国家级旅游休闲街区、第二批国家级夜间文化和旅游消费集聚区、中国少数民族特色村寨、中国民间文化艺术之乡（俄罗斯族巴扬艺术）、自治区民间文化艺术之乡（俄罗斯族巴扬艺术）、全国研学旅行基地（营地）、新疆华侨国际文化交流基地等荣誉称号，也成了新疆旅游网红打卡地。

一、科学规划，合理建设

2018年5月开始，伊宁市围绕“丝路天府·多彩伊宁”城市形象，把“以人为本”作为城市更新的立足点，按照“功能是休闲，文化是灵魂”定位，准确把握六星街的历史文化价值，强化策划意识，注重高质量规划和精细化设计，科学布局街区旅游休闲产业，以增加街区就业和居民收益为根本出发点，开发产业依托型、历史文化依托型、民俗依托型、创意主导依托型等模式的旅游休闲产品，不断丰富六星街原生文化体验，努力为市民和游客提供“有文化的休闲”和“有休闲的文化”，用心建设居民和游客共建共享的美好生活目的地。

我们严格依据《伊宁市历史文化名城保护规划》《伊宁市六

星街历史文化街区保护规划》《六星街保护更新提升改造规划设计方案》《伊宁市六星街创建国家旅游休闲街区实施方案》，采取政府主导、市场运作、居民参与模式，对六星街区建筑风貌、景观肌理、生态环境、经营业态、民风民俗实施全方位改造提升，并始终坚持以文化旅游休闲功能引领街区发展，坚决避免不符合“田园城市·音乐小镇”特色休闲旅游街区规划定位的其他产业或项目，用情构造田园景城，处处是景，文景合一，触景生情，各族居民居住更安心、生活更舒心、致富更顺心；游客游览更欢心、休闲更开心、消费更可心，实现了街区功能空间、历史文化、市民精神情感的延伸与更新。

二、突出文化，彰显特色

坚持“特色为要、文化为魂”的原则，依托六星街独特的田园城市格局以及多姿多彩文化交融的人文资源优势，深入挖掘和保护传承以历史建筑、民族传统技艺等为主体的优秀民族文化。通过“四化”将传统和现代有机结合，当地文化和时尚文化巧妙结合，消费和市场紧密结合，创造出更多物质消费和体验消费契机，盘活了历史文化街区氛围，构建了以街带商、以商兴旅、以旅促荣、主客共享的旅游发展格局。

一是差异化。街区提升改造过程中，突出俄罗斯族的民族文化特色，同步进行完整的艺术设计和系统的形象设计，在绿地广场、景观小品、墙体绘画、电表箱彩绘等细节中美化旅游环境，完善配套设施，提升服务水平，在旅游产品开发上力争实现新的突破，形成与伊犁老城喀赞其民俗旅游区错位竞争、协同发展的良好格局。

二是休闲化。在游客服务区、中心休闲区、餐饮体验区、特产销售区、民宿区等各个旅游功能区开发与建设、产品研发与营销、品牌定位与推广的过程中，都注重引入特定休闲文化元素，塑造特色文化理念，精心策划和打造体现地域文化精髓、具有地方鲜明特色的旅游产品，培育街区自己的休闲旅游品牌和形象。

三是生活化。以街区市民的日常生活为基础，构建具有鲜明伊宁特色的城市生活体系和休闲体系，见人见物见生活，培育社会休闲氛围，积极营造“市民享、游客赏、慢生活、细品味”的人居旅游环境，用场景化、生活化的各类业态吸引市民和游客。

四是品质化。“招商引资”与“招才引智”并重，积极扶持培养和集聚高素质的书吧、茶吧、音乐酒吧等文化休闲业态经营人才，从起点开始重视提升各个功能区的发展竞争力。

三、文旅融合，美好生活

坚持以文塑旅，以旅彰文，促进文旅融合发展。结合街区居住民族众多，婚庆节日频繁的特点，积极营造民俗文化节庆氛围，在天天像过节、月月有节庆中，促进各民族交流、交往、交融，培育积极向上的文化休闲观念，普及健康文明的休闲方式。

亚历山大私人收藏的近千架手风琴是一张特别的文化名片，也是六星街区的一大亮点。为鼓励、支持俄罗斯族手风琴收藏爱好者和国家级巴扬艺术非遗传承人亚历山大的民间收藏，让其藏品和非遗传承文化艺术被社会更多人了解、熟知，并实现其藏品的经济价值，2018年8月，伊宁市通过改造、利用原俄罗斯学校空置校舍提供援助，开办了伊宁市六星街民俗文化陈列馆·亚历山大手风琴珍藏馆，使亚历山大40余年的全部私人手风琴藏品和少量民族乐器藏品具备专业性的展览场地、附属设施，并通过宣传、策划，组织游客参观游览。该馆位于六星街区黎光街10巷，总建筑面积1212.74平方米，共分为两层。第一层为六星街历史与民俗文化陈列，以展示伊犁一体多元的民族文化和六星街独特的历史人文价值为主，承载着各民族手足相亲、人心归聚、相互交流的宣传教育功能。第二层为亚历山大手风琴陈列区，珍藏亚历山大倾尽半生心血收藏的来自世界各地的手风琴800多架。这里的手风琴藏品种类全、跨越年代久，集中展现了手风琴这一文化艺术的发展历程及在伊犁多元文化中孕育出的多样的音乐艺术，也为中外手风琴文化爱好者提供了鉴赏交流的平台。

作为一处展示具有鲜明伊犁特色的民俗文化展馆，六星街民俗文化陈列馆·亚历山大手风琴珍藏馆承担了传承伊犁历史文化和保护自治区级非遗项目“俄罗斯族巴扬艺术”，以及代表性传承人亚历山大收藏的手风琴的责任。近年来，该馆依托六星街区位优势、资源优势，积极主动融入伊宁市国家公共文化服务体系示范区和全域旅游示范区创建进程，助推文化旅游深度融合发展，为“田园城市·音乐小镇”六星街的创建奠定了坚实基础。

民俗文化陈列馆·亚历山大手风琴珍藏馆坚持常年开放，并始终坚持把“以游客为本、让游客满意”作为发展的第一追求，贯穿于展馆建设运营的全过程。在此基础上，更加侧重于满足多元化、多样化的游客需求，积极发展以非遗项目“俄罗斯族巴扬艺术”结合街区历史建筑、多民族传统手工艺、各民族歌舞演艺、文化创意产品等，推出各类特色旅游产品；大幅提升展馆建设中软、硬件服务的人性化、便利程度，营造真正以游客为中心的生活、旅游环境，不断提升游客满意度和忠诚度；以“旅游搭台、文化唱戏”为抓手，组建了由亚历山大为队长，由13位手风琴师组成的民族团结乐队。乐队除了每天在馆里、每周在街区广场向参观者或游客展示手风琴艺术和伊犁多元文化特色之外，还会不定期走进社区乡村参与“我的中国梦·文化进万家”活动，充分发挥出基层文化阵地的重要作用。

目前，六星街民俗文化陈列馆·亚历山大手风琴珍藏馆民间艺人的即兴乐器演奏、流动沙画和彩石画作展示以及俄罗斯风情园民族歌舞、非遗手作等互动体验类项目都备受市民和游客喜爱；文创集市、音乐角、花巷街吧、音乐庭院等主客一起欢歌劲舞、弹琴奏乐，其乐融融。与此同时，市文化馆艺术团、六星街民族团结手风琴乐队和百人文化志愿者队伍在街区常态化开展丰富多彩的文化演艺交流活动；在“游客之家”不间断开展非遗文化传承项目演绎，用心、用情、用力打造融风情演艺、非遗传承等为一体的旅游演艺品牌。街区内每年开展各类文化演艺活动数百场次，受益群众百万余人次，已构建出“天天有娱乐、周周有节日、月月有活动、年年有创意”的群众文化活动体系，其中六星街民族团结手风琴乐队已先后受邀参加央视《民歌中国》《黄金100秒》和音乐频道“我和我的祖国”国庆专题等栏目，广受好评，反响热烈。

四、丰富多元，日夜兼顾

坚持“特精优小聚集”的原则，扶持培育了500余家具有丰富文化内涵和鲜明地方特色兼具丰富性、潮流性的各类经营业态。如古兰丹姆百年手工冰淇淋体验店、俄罗斯风情园尤里木屋餐吧、柳芭手工面包（列巴）坊、伊琳娜茶吧、阿谷朵格瓦奇文化体验馆、老院子轻食咖啡茶餐厅、塔塔尔庭院、星街书店·咖啡、朴匠手工皮具坊、固特异工艺手工鞋店；晚枫蝶酒吧等特色酒吧茶吧咖啡吧；壁炉烧烤、友丽宫、禾田烤包子等文化主题庭院餐厅，以及暖窝、林栖舍、喀秋莎的家、玛格丽特等风格民宿；还创新设立了体现“鲜花小镇”“音乐小镇”等鲜明地域文化特色的音乐庭院、文创集市、音乐角、花巷街市、流浪琴车，不仅成为各族文化志愿者和本土艺人们排队申请展现才艺的露天舞台，还成了一处处网红打卡地、婚拍基地，成为融“食、宿、购、游、娱”等功能为一体的、具有较高品位的“白＋黑”休闲文化旅游街区，初步培育出“月光旅游”品牌，成为“伊犁人爱到，外地人必到”的旅游景区，切实把“过路客”“过夜客”变成“必来客”“常来客”，既直接带动了千余人居家或就近就业创业，又增强了各族人民群众的获得感、幸福感、自豪感。

特色才有生命力，品牌才显竞争力。我们深刻理解和把握“功能是休闲、灵魂是文化”的道理，找到了彰显特色、塑造品牌的有效途径，形成了与河谷兄弟县市错位竞争、协同发展的良好格局。特别是通过以旅游为载体活化文化资源，促进旅游发展，实现了以文促旅、以旅彰文，文化旅游的深度融合，构建出全域旅游发展格局。

“田园城市·音乐小镇”六星街的提升改造坚持突出文化特色，美化旅游环境，完善配套设施，提升服务水平，从而在旅游产品开发上实现了新的突破。目前，以伊犁老城喀赞其—音乐六星街—浪漫伊犁河—璀璨丝路之光景区景点串连而成的彩色伊宁浪漫休闲游线路和以六星街民俗文化陈列馆·亚历山大手风琴珍藏馆、汉家公主纪念馆、林则徐纪念馆等展馆为主的研学游线路等精品线路，就是瞄准游客需求，文化赋能，让无形的文化成了有形的体验，让流量变成“留”量。六星街激发各族群众热爱家乡、共建家园的激情，不仅破除了群众落后的观念，促进了人们精神面貌的变化，而且各族群众在文化交往、交融、交流和参与、体验、互动中增进了友谊，促进了各民族的融合发展，让景区成为各族百姓和谐相处的幸福家园，也成为国内外游客感叹羡慕、流连忘返的共享家园。

开篇语：

众所周知，西双版纳以其优越的生态旅游资源和人文旅游资源成为全国知名的旅游目的地。到西双版纳的游客无一例外地要体验热带雨林、传统村寨等。虽然旅居游客人数增加，在城市停留的时间延长，但受天气和生活方式等因素的影响，游客行为仍然以观光旅游或居家休憩为主。近年来，西双版纳告庄西双景着眼于优美生活空间和夜间生活模式的设计和打造，以文旅融合及沉浸式体验打造为出发点，通过丰富的综合性旅游业态布局、精品商业产品打造和持续的特色文化体验活动组织，形成了西双版纳极具品牌影响力和市场引流能力的文旅产品，成为西双版纳继自然观光旅游和民族村寨旅游之后，以文化创意和文化互动为特色的文旅产业发展的新引擎和新亮点，优化了西双版纳旅游的产品结构，是云南省旅游产业提质转型的优秀范例。

告庄西双景

文化创意和文化互动的新引擎和新亮点

告庄西双景位于云南省西双版纳傣族自治州景洪市沧江新区宣慰大道江北段。景洪市是云南省西双版纳傣族自治州的首府及全州的政治、经济、文化中心，具有良好的地理区位优势。告庄西双景初建于2009年，规划开发面积约2000亩，是海诚控股集团投资近百亿、分五期开发打造的以傣泰文化体验为核心的游憩商业区，是西双版纳千万游客的必选之地。

“告庄西双景”为傣语，汉译为“九塔十二寨”，以古时景洪鼎盛时期的景观为蓝本，规划重现了“一江两门九塔十二寨”的盛世景象，同时以打造“面向东南亚的大型游客集散中心”为定位、以升级传统傣族民族文化为基础、融合湄公河流域周边国家文化精华为内核，聚“文化旅游、休闲度假、娱乐体验、商贸居住”等功能于一体，构建了由建筑、居住、商业、游览、餐饮、娱乐、节庆和生活方式等元素共同组成的沉浸式文化旅游模式，成为中国水岸休闲旅游文化新典范。凭借恢宏独特的前沿规划以及浓郁的民族人文风情，告庄西双景受到游客的欢迎和热烈追捧，成为西双版纳城市形象的优质代表。

告庄西双景以促进文旅融合发展，实现文化和旅游两种产业转型升级、拉动经济、增加就业为重要使命。当前，告庄西双景集聚了近5000家商户，为文创爱好者和自主创业人士提供创业岗位超3万个，年交易金额近60亿元。告庄西双景内近千家的特色业态以及自创IP湄公河·星光夜市、六国水上市场、特色民族旅拍、“湄公河人家”综合体（湄公河景兰大酒店）强有力地推动了西双版纳社会经济的快速发展。据不完全统计，告庄西双景2018年全年接待游客总量突破1000万人次；2019年达2000万人次；2020年疫情期间达到1000万人次；2021年受云南省旅游熔断影响，游客总量约为800万人次；2022年游客接待总量即使受疫情影响也超千万人次。2023年随着旅游市场开放，截至6月，告庄西双景游客接待已突破千万人次。

告庄西双景自建设和运营以来，品牌知名度和市场影响力较高。2016年11月被评为省级文化创意产业园区；2017年6月获评云南省特色美食示范街区；2018年6月被评定为国家4A级旅游景区；2020

年4月入选云南省首批夜间经济地标；2020年6月被评为云南省级旅游度假区；2021年11月先后被评为第一批国家级夜间文化和旅游消费集聚区、云南省级旅游休闲街区荣誉称号；2022年10月被评为云南省级步行街示范点；2023年2月被评为云南省文化产业园区荣誉称号。此外，告庄西双景还获评为云南省九大旅游重点项目之一、云南省十三五规划重点项目之一、云南省民族民间工艺品销售示范街区、全国首批SIT超级沉浸旅游项目名单、夜间消费城市代表、夜间经济创新案例等荣誉。

星光夜市的打造是推动告庄西双景成功的关键。2013年10月1日，告庄西双景一期以特色工艺品及民间特色饮食为主题进行招商，推出星光夜市。通过科学规划、精准定位，深入挖掘民族特色、开发夜间经济活力，星光夜市逐步发展为根植于西双版纳傣族文化，融合湄公河流域多民族精华的文化、休闲、娱乐、度假特色夜间经济区。夜市融合了东南亚饮食、人文、民俗工艺及特色“夜市”文化，涵盖了民俗活动、民族文化培育、文旅产业孵化、教育实践、影视基地、文化演艺、景区景点、旅游购物等综合性服务功能。

从最初的街巷夜市到大金塔广场夜市、帕雅真广场夜市，再到湄公河·六国水上市场，告庄西双景夜市经过10年发展，布局逐渐扩大，类型逐步丰富，形成“街巷+广场+水上+室内”的业态层次。目前，星光夜市设立了轻型创业摊点近3000个，特色核心区步行街商铺约300家，提供了创业就业岗位超6000个。特色摊位与恢宏的古朴建筑、壮美的澜沧江江景交相辉映，成为西双版纳的城市形象新地标，热带夜生活风情的最佳体验地。2020年4月，《云南省人民政府办公厅关于促进夜间经济发展的指导意见》发布，告庄夜市（湄公河·星光夜市）入选云南省首批夜间经济地标建设名单。2021年，西双版纳傣族自治州告庄西双景入选第一批国家级夜间文化和旅游消费集聚区。

告庄西双景由云南海诚建开集团和云南景兰文化旅游集团股份有限公司（简称“景兰文旅集团”）进行建设和运营。景兰文旅集团是海诚控股下属的专业化文化旅游产业经营集团公司，作为“国际化优质文旅运营服务商”，业务范围广泛。2008年，在各级政府的大力扶持下，西双版纳海诚旅游发展有限公司运作承揽告庄西双景旅游文化项目。开发前期，集团领导前往东南亚进行考察调研，学习经验教训，进行战略性决策，为告庄的成功奠定了基础。2009年，告庄西双景被列为云南省省级九大重点旅游项目之一，是具体落实云南省“推进旅游二次创业，促进旅游转型升级”的重要发展战略项目。

面对市场的多样变化，景兰文旅集团采取有序及创新运营管理模式，在三年多疫情的冲击下，企业实现了盈利且营业收入及净利润稳定增长，反映出景兰文旅集团良好的营运能力和获利能力，体现了告庄西双景的发展潜力与韧性。告庄西双景具有较好的发展稳定性和持久性，近年来盈利能力不断增强，景兰文旅集团综合经营管理水平稳定提升。

告庄西双景在政府政策大力支持和企业投资先行的情况下进行了科学有序地开发，既兼顾了政府整体发展规划，又为企业创造了经济效应，并且在有效满足游客需求的同时使得当地社区居民的生活受益，是旅游开发相对成功的典型案例。告庄西双景以其丰富多彩的民俗节庆活动、独特深刻的旅游体验形式、美不胜收的自然生态景观和热情友好的人文风情成为西双版纳的城市形象新地标和热带夜生活风情的最佳体验地，同时为景洪市、西双版纳州乃至全国带来了良好的效应。

（一）社会效应

第一，告庄西双景商业体量巨大，为当地居民提供了多种多样的就业机会和选择，激发了人们的创业活力。第二，告庄西双景地处多个少数民族聚居的景洪市，在这样的社会环境下，通过民族旅游活动有助于联络各民族间的感情进而巩固民族团结，维护社会稳定和祖国统一。第三，告庄西双景的民俗旅游节庆活动有助于我国加强对外交流，与东南亚邻国建立平等互惠的良好外交关系。

（二）文化效应

第一，告庄西双景的旅游开发在很大程度上推动了本地文化的传播，进而推动不同文化之间产生交流和碰撞，为不同文化提供了平等、友好互动的平台。第二，告庄西双景以泰傣文化为核心区，其开发的各类民俗节庆活动和傣陶馆、艺术馆、博物馆的设置有助于促进民族传统文化的保护和传承。第三，告庄西双景积极运用大数据分析把握游客消费需求，能够满足游客日益增长的精神文化需求。

（三）经济效应

第一，告庄西双景的知名度显著提升，品牌塑造和市场影响力取得成效，消费人群数量呈直线上升趋势，增加了当地的旅游收入。第二，告庄西双景近年来通过前瞻性的旅游规划设计，形成了丰富多元的综合性的旅游业态。第三，告庄西双景释放了经济活力，激发旅拍等新业态的出现和发展成熟。第四，告庄西双景推动了夜间经济的蓬勃发展。

（四）对景洪市旅游产生的影响

第一，告庄西双景推动了旅游基础设施建设的完善，有助于改善城市服务功能。第二，告庄西双景为游客提供了良好的旅游体验，有助于提升城市形象，也在一定程度上增强了当地居民的公民意识。第三，告庄西双景在实现自身快速发展的同时，促进了景洪市本地发展，其目的是实现共同富裕。第四，告庄西双景促使景洪市由旅游过境地向旅游目的地转化，城市的旅游功能强化，城市品质提升。

告庄西双景不仅对西双版纳旅游业发展、夜间文化与经济具有引领和带动作用，推动了民族文化的保护与传承，还对云南省乃至全国旅游目的地具有显著的示范引领作用，为加快我国旅游产业提质转型、高质量发展提供了参考和借鉴，具有重要的推广价值和意义。